Hans U. Brauner · Ent-Bürgerlichung

Hans U. Brauner

Ent-Bürgerlichung

Gespräche 2010–2014

mit

Kurt Heinrich

»Splitterbürger«

Fiktive Gespräche 2015

Januar 2016
Allitera Verlag
Ein Verlag der Buch&media GmbH, München
© Buch&media GmbH, München
Satz und Layout: Buch&media GmbH, München
Umschlaggestaltung: Eckhard Egner, Esslingen
Printed in Europe
ISBN print 978-3-86906-834-3
ISBN PDF 978-3-86906-835-0
ISBN ePub 978-3-86906-836-7

Inhalt

Vorwort 9

Nachruf auf Prof. em. Dr. med. Kurt Heinrich
von Bernhard Bogerts und
Prof. Dr. med. Wolfgang Gaebel 13

Gespräche 2010 bis 2014 von Kurt Heinrich und Hans U. Brauner
»Ent-Bürgerlichung«:
Wie man die Bürgergesellschaft abwürgen kann 17

Fiktive Gespräche 2015 von Hans U. Brauner und Kurt Heinrich
»Splitterbürger«: Alte und neue bürgerliche Ordnungen
Zwischen spätbürgerlichen Normen, Delegitimation von Bürgern
und neuen partizipativen, digitalen, granulierten und hybriden
Bürgerlichen: Evolution zu »Splitterbürgern«? 43

    Vertrauen ist eine Frage des Zeitpunktes 44
    Moskau würgt die Bürgergesellschaft ab 45
    Technologischer Totalitarismus – Google I 47
    Alphabet Inc. – Google II – Solidaritätsprinzip 49
    Investive Gesellschaft 54
    »Besinnung auf das Subsidiaritätsprinzip« 61
    Diagnose der Hybridität moderner Subjektkultur 69
    Ent-Zweien, Ent-Bürgerlichen, spalten, splitten 79
    »Schritte über uns hinaus« 82
    Offene Fragen zu neuen bürgerlichen Normalitäten ....

Literaturverzeichnis 114
Wissenschaftlicher Nachlass Kurt Heinrich 121

Durch die Sprache halten uns die Toten lange fest, sie üben einen Zwang aus auf uns und veranlassen uns, in der Weise zu denken (...), wie es ihnen selbst beschieden war.

Carl J. Burckhardt (1891–1974) über Erasmus von Rotterdam
(Rede, gehalten an der Feier seines 400. Todestages 1936)

Wir können die Geschichte interpretieren im Sinne unseres Kampfes für die offene Gesellschaft, für eine Herrschaft der Vernunft, für Gerechtigkeit, Freiheit, Gleichheit (...).

Karl Popper (1902–1994),
in: Die offene Gesellschaft und ihre Feinde (1945), Tübingen 2003

Vorwort

Kurt Heinrich und ich hatten relativ spät Gespräche darüber geführt, wie wir »mit kurzer Zukunft umgehen lernen«[1] sollen und können.

Wir hatten in freundschaftlicher Nähe, aber auch mit diskreter Distanz, unsere »Erfahrungen mit der Erfahrung«[2] über alte und neue Ordnungen[3] ausgetauscht: Er hat seine Erfahrungen mit den moralischen Grenzen und Bedingungen geistiger und seelischer Stärken und Schwächen von Patienten einer psychiatrischen Klinik eingebracht; ich meine Grenzerfahrungen mit unternehmerischen Chancen und Risiken, mit Vertrauen und Misstrauen, mit Macht und Ohnmacht in Wirtschaft und Politik.

Als würdiger Bürger, der als bekennender Christ die bürgerlichen Tugenden stets gelebt hatte, war es Kurt Heinrich ein besonderes Anliegen, die fortschreitende gesellschaftliche Erosion des modernen Bürgertums nicht nur kritisch zu beobachten, sondern auch im Rahmen seiner Möglichkeiten bremsend zu beeinflussen. Über diese Entwicklung, die Kurt Heinrich »Ent-Bürgerlichung« nannte, hatten wir häufig diskutiert mit dem Ziel, diese Gespräche festzuhalten und später in ein Buchprojekt über den Wandel von Identitäten einzuordnen.

Aus Anlass seines 90. Geburtstages veröffentliche ich zur Erinnerung an diesen Gedankenaustausch über »Ent-Bürgerlichung« unsere Auf-

---

[1] Hertzsch, Klaus-Peter: Chancen des Alters. Sieben Thesen, Stuttgart 2008, S. 31ff.
[2] Jüngel, Eberhard: Erfahrungen mit der Erfahrung, Stuttgart 2008
[3] Dazu Anter, Andreas: Die Macht der Ordnung. Aspekte einer Grundkategorie des Politischen, Tübingen 2004

zeichnungen in einem ersten Teil. Diese fragmentarischen Gespräche betrafen alte und neue Ordnungen zwischen vertrauter rationaler Normierung, die Kurt Heinrich mit Priorität vertrat, und einer abwürgenden chaotischen Flexibilisierung der Bürgerschaft, die wir beide kritisch beobachteten.

Es lag nahe, unsere antizipativen Überlegungen in einem zweiten Teil in fiktiven Gesprächen zusammenzufassen beziehungsweise erweiternd darüber nachzudenken. Ich versuche, »Als ob«-Kommentare mit Kurt Heinrich anzubieten, die ich in Kenntnis seiner altersgerechten Denkkultur zu formulieren versucht habe. Aus zwei Perspektiven benutze ich dazu einerseits Tugenden der Individualmoral des »Sollen und Können«[4], und andererseits die Herausforderungen des »Digitalen Kapitalismus« beziehungsweise »Technologischen Totalitarismus« (Google/Alphabet Inc.), wie es Frank Schirrmacher nannte. Für die antizipativen Vermutungen zur Entwicklung der bürgerlichen Gesellschaft stehen selektiv vier Wissenschaftler: Andreas Reckwitz (»Das hybride Subjekt«), Christoph Kucklick (»Die granulare Gesellschaft«), Herfried Münkler (»Mitte und Maß« und »Kriegssplitter«) und Luciano Floridi (»Die 4. Revolution. Wie die Infosphäre unser Leben verändert«).

Wenn es gelänge, mit unseren hybriden Gedanken und deren partizipativen, digitalen und granularen Splittern einen bescheidenen Beitrag zur Beantwortung der komplexen Schlüsselfrage zu leisten, wie sich unsere Bürgergesellschaft vielleicht entwickeln wird, wären wir dankbar. Wir würden dann unseren Kindern und Enkeln raten können, wie sie mit ihrer »Zukunft umgehen lernen« sollen. Wie werden sich die leitenden Codes und Praktika der Subjektkultur entwickeln? Mit Distanz zur westlich-amerikanischen »Working Class Culture« oder wachsender Nähe zum sozialistischen Habitus der »Work-Life-Balance Culture«? Mit welchen Perspektiven der bürgerlichen beziehungsweise nach-bürgerlichen Gesellschaft soll und kann die »gegenwartsge-

---

[4] Im Sinne des Theologen, Philosophen und Volkswirtes Professor Karl Homann: Sollen und Können. Grenzen und Bedingungen der Individualmoral, Wien 2014

schrumpfte« (Hermann Lübbe) Gesellschaft rechnen? Mit steigender Solidarität oder fallender Subsidiarität, mit abnehmendem Vertrauen und Regelbrüchen oder mit einer neuen positiven Subjektkultur?

Zwei Gemeinsamkeiten scheinen fast alle Entwicklungen der bürgerlichen Moderne oder Postmoderne zu besitzen: die subjektive granulare (feinkörnige) Verformung und die hybride Vermischung der Kulturen zu »Splitterbürgern«.

In unseren abschließenden fiktiven Gesprächsversuchen haben wir unsere »Sorge auf die Zeit gerichtet«, wie es der Philosoph Rüdiger Safranski sagt. »Sorge bezieht sich auf ein Noch – Nicht. Sorge richtet sich aufs Künftige.«[5] Auch um das Bürgerliche: Wir sorgen uns um die »Schritte über uns hinaus«[6] und um Zukunftsentwürfe des Bürgerlichen, die wir gegenüberstellen. Wir versuchen dies mit besonnener Distanz zu den ent-bürgerlichten Terroristen, die normale moderne Bürger und auch künftige postmoderne Bürgertypen in Angst versetzen (*Angstbürger*) mit ihrer weltweiten Ausweitung der asymmetrischen Kriegsführung (Beispiel 13. November 2015 in Paris). Diesen kulturellen Krieg mit radikalisierten Islamisten nennt Gabor Steingart mutig »Weltkrieg III« und erinnert mit Sorge an übereilte Maßnahmen: »Die Mitte unseres Landes sollte sich nicht radikalisieren, sondern sich ihrer vornehmsten Tugenden erinnern: Besonnenheit und Friedfertigkeit.«[7] Wir versuchen, in dieser Perspektive die Prinzipien des Vertrauens und der Solidarität *noch – nicht* zu vergessen, sondern an die restlichen positiven Eigenschaften des künftigen »Splitterbürgers« zu erinnern. Rainer Hank[8] ist zu danken, dass er im richtigen Zeitpunkt beim Philosophen Karl Popper (1902–1994) und seinem Buch »Die offene Ge-

---

[5] Safranski, Rüdiger: Zeit. Was sie mit uns macht und was wir aus ihr machen, München 2015, S. 66
[6] Spaemann, Robert: Schritte über uns hinaus. Gesammelte Reden und Aufsätze I, Stuttgart 2010
[7] Steingart. Gabor: Weltkrieg III., in: Handelsblatt vom 16. November 2015, S. 1 und S. 4–15
[8] Hank, Rainer: Die offene Gesellschaft und ihre Feinde, in: Frankfurt Allgemeine Sonntagszeitung vom 15. November 2015, S. 25

sellschaft und ihre Feinde« (1945) für uns Trost gesucht hat. Dieser Hinweis hat uns bestärkt, unsere fiktiven Gespräche immer wieder mit gleichzeitigen Gedanken an Feinde und Fremde, die Freunde sein können, zu bewerten. Ob es gelingen sollte, auf einige offene Fragen der Gesellschaft richtige Antworten zu finden, wird wohl davon abhängen, ob und wie die von Fremden und Feinden zunehmend asymmetrisch beeinflussten Bürgerlichen neu vermessen werden sollen. Wir bieten vorsorglich als ergänzende Instrumente einige Prinzipien an: Digitalisierung, Partizipation, Granulation und Hybridität, die wir in unseren nachfolgenden Gesprächen als Eigenschaften von »Splitterbürgern« interpretieren.

Dezember 2015   Hans U. Brauner

Universitätsprofessor em. Dr. med. Kurt Heinrich
(1925–2015)

Nachruf auf Prof. em. Dr. med. Kurt Heinrich

von **Prof. Dr. Bernhard Bogerts**/Klinikum für Psychiatrie und Psychotherapie, Universitätsklinikum Magdeburg und **Prof. Dr. Wolfgang Gaebel**/Klinik und Poliklinik für Psychiatrie und Psychotherapie, LVR-Klinikum Düsseldorf, Kliniken der Heinrich-Heine-Universität Düsseldorf
(Genehmigter Nachdruck des Springer-Verlag Berlin-Heidelberg 2015, in: Der Nervenarzt 5, 6. Mai 2015, S. 6 und S. 12f.)

Am 24. März 2015 verstarb Prof. em. Dr. med. Kurt Heinrich, bis 1992 Ordinarius für Psychiatrie an der Heinrich-Heine-Universität Düsseldorf. Heinrich (geboren am 7. Oktober 1925) wuchs in Mainz und Pirmasens/Pfalz auf. Nach den Kriegswirren beendete er das Medizinstudium 1952 an der Universität Mainz mit der Promotion. An der gleichen Universität erfolgte 1964 seine Habilitation zu hirnbiologischen Sichtweisen paranoider Psychosen.

Nach einer 16-monatigen Tätigkeit als leitender Direktor der Pfälzischen Nervenklinik Landeck wurde er 1972 zum Lehrstuhlinhaber für Psychiatrie an der Universität Düsseldorf und gleichzeitig zum leitenden Direktor des dortigen Rheinischen Landeskrankenhauses berufen. Er hatte diese Doppelfunktion – Ordinarius für Psychiatrie und Direktor eines großen Landeskrankenhauses – bis zu seiner Emeritierung im Jahr 1992 inne.

Die Zeit, in der Heinrich 1972 sein Amt in Düsseldorf antrat, war geprägt von den Auswirkungen der 68er mit studentischen Unruhen, außerparlamentarischer Opposition und der Entstehung einer antipsychiatrischen Bewegung, die vorgab, dass psychische Erkrankungen lediglich das Produkt einer krankmachenden bürgerlich-kapitalistischen Gesellschaft seien und die Psychiatrie zur Stigmatisierung nicht angepasster Individuen herhalten müsse. Heinrich gelang es, diesen ideologischen Verblendungen, denen damals weite Teile der deutschen Psychiatrie ausgesetzt waren, mit großem Einsatz erfolgreich entgegenzutreten. Hilfreich war dabei sicher auch seine rhetorische Überzeugungsgabe, um die ihn viele Kollegen beneideten. Seine stets ins Schwarze treffenden Formulierungen waren in dieser Zeit, neben der Überzeugung für die Sache, die er vertrat, ein Garant des Erfolgs.

Heinrich setzte sich bereits 1968 mit der Abhandlung »Sozialpsychiatrie: Erfolge und Grenzen« auf einem der von ihm und seinem akademischen Lehrer Kranz organisierten Bad Kreuznacher Symposien sowie mit weiteren Beiträgen auf den später von ihm geleiteten Düsseldorfer Symposien mit den ideologisch fehlgeleiteten, aber auch therapeutisch sinnvollen Aspekten der damaligen sozialpsychiatrischen Strömungen auseinander. Dabei formulierte er sozialpsychiatrische Prinzipien, die später durch die Psychiatrie-Enquete bundesweit Empfehlungscharakter bekamen.

Diese Ausführungen blieben für Heinrich nicht nur theoretisches Postulat, sondern wurden von ihm selbst in großem Umfange auch umgesetzt. Die früher die klinische Szene beherrschende kustodiale Psychiatrie mit Wachsälen, in denen Bodenlager für die Patienten und eine geringe personelle Besetzung üblich waren, wurde durch Klinikneubauten mit erheblicher Verbesserung der Wohnsituation für die Patienten ersetzt. Unter seinem Direktorat wurden verschiedene Tageskliniken gegründet, so eine psychotherapeutische, milieutherapeutische und eine gerontopsychiatrische, später auch eine für Kinder- und Jugendpsychiatrie. Er richtete die erste beschützende Wohnung für entlassene psychisch Kranke ein. Er wurde Vorsitzender der psychiatrischen Hilfsgemeinschaft Rheinland und unterstützte nach Kräften die in der Stadt und im Umfeld entstandenen Patientenclubs.

Diese enormen Anstrengungen zur Verbesserung der gesamten Lebenssituation psychisch Kranker wurden von ihm als Vorsitzender der Nervenärztlichen Gesellschaft Düsseldorf und später als Präsident des Gesamtverbands Deutscher Nervenärzte weiter vorangetrieben.

Das Thema, das den naturwissenschaftlichen Teilbereich seines wissenschaftlichen Denkens zeitlebens prägte, war die Suche nach den biologisch begründbaren Ursachen paranoider Psychosen. Heinrich erklärte in seinen frühen Arbeiten das Zustandekommen dieser Gruppe seelischer Erkrankungen aus einer phylogenetischen Sichtweise heraus. Er prägte den Begriff der pathogenetischen Grundformel von der zentralnervösen funktionellen Regression. Dieser zunächst etwas schwer verständliche Begriff besagt, dass bei schwersten seelischen Störungen die höchstentwickelten und somit phylogenetisch jüngsten Teile des menschlichen Gehirns Funktionseinbußen erleiden und deshalb die stammesgeschichtlich älteren Hirnteile, in denen die neuronalen Generatoren archaischer Triebe und Emotionen liegen, nicht mehr ausreichend kontrolliert werden. Psychische Störungen wie Angst und Wahn können somit nach dieser Grundformel Heinrichs durch ein spontanes Freiwerden uralter Hirnfunktionen wegen der mangelhaften Kontrolle übergeordneter phylogenetisch neuer Hirnbereiche erklärt werden. In seiner Habilitationsschrift, die er bereits 1963, also lange vor der Einführung moderner neurowissenschaftlicher Methoden wie der hirnbildgebenden Verfahren, veröffentlichte, nahm er damit einige von deren Ergebnissen vorweg.

Ein weiterer Schwerpunkt der wissenschaftlichen Tätigkeit Heinrichs war die Neuropsychopharmaka-Therapie. Nach seinem Eintritt in die Mainzer Universitätsklinik im Jahr 1952 gehörte er zu den ersten, die die Wirksamkeit der damals neuen Psychopharmakagruppe der Neuroleptika anhand von Untersuchungen über Chlorpromazin nachwiesen. Er war Mitbegründer der Arbeitsgemeinschaft für Neuropsychopharmakologie, Gründer und Herausgeber der Zeitschrift Pharmakopsychiatrie und von 1982 bis 1986 Präsident der Deutschen Gesellschaft für Biologische Psychiatrie.

Heinrich war zudem Vorstandsmitglied der Görres-Gesellschaft und gründete zugleich deren Sektion Psychologie, Psychiatrie und Psychotherapie. Ihren Vorsitz hatte er bis 2003 inne.

Die Mitarbeiter seiner Klinik lernten ihn als eine Persönlichkeit mit einer beneidenswerten Menschenkenntnis und Fähigkeit zu überzeugen kennen, verbunden mit einer exzellenten rednerischen Fähigkeit sowie der bewundernswerten Gabe, auch komplexere gruppendynamische Zusammenhänge rasch zu durchschauen und durch seine verbale Überzeugungsgabe nachhaltig zu beeinflussen.

Heinrich war ein herausragender Vertreter einer Generation von Nervenärzten, deren Denkweise bestimmt war durch eine fundierte humanistische Bildung, brillante Beherrschung der klassischen, überwiegend von deutschsprachigen Psychiatern geprägten Psychopathologie, durch eine tiefgreifende Kenntnis aller Facetten der menschlichen Psyche, verbunden mit beeindruckenden Fähigkeiten zur Sprachgestaltung. Diese ärztliche Mentalität und dieses Profil des klassischen Vertreters der Seelenheilkunde waren bestimmend für die Ära vor Einführung moderner neurowissenschaftlicher Methoden.

Heinrich erhielt für seine Verdienste 1982 das Bundesverdienstkreuz am Bande, 2009 den Ehrenring der Görres-Gesellschaft. Er war Ritter des Ordens vom Heiligen Grab zu Jerusalem. Mit ihm verlieren wir einen herausragenden akademischen Lehrer, Kliniker und beeindruckenden Menschen, der die Weiterentwicklung unseres Fachs über turbulente Zeiten hinweg maßgeblich mitgestaltet hat.

Kurt Heinrich und Hans U. Brauner

»Ent-Bürgerlichung«:
Wie man die Bürgergesellschaft abwürgen kann
Gespräche 2010 bis 2014

Hans U. Brauner: Herr Professor Heinrich, vor beinahe 30 Jahren haben Sie mich auf Ihrem »Schwarzen Sofa« exzellent und nachhaltig Autogenes Training gelehrt, das ich lebensverlängernd und vor und nach beruflichen Stressrisiken als Atemtechnik genutzt habe, therapeutisch ausgedrückt: »präventiv« und »postoperativ«. Seither führen wir im Freundeskreis Gespräche, zum Beispiel über die immer schneller wachsende Verformung des gesellschaftlichen Verhaltens und gleichzeitig dazu über die wachsende Erosion der alten bewährten Verhaltensnormen. Der Philosoph Hermann Lübbe hat in diesem Kontext den Begriff »Gegenwartsschrumpfung« geprägt – den »Vorgang der Verkürzung der Zeiträume, für die wir mit einiger Konstanz unserer Lebensverhältnisse rechnen können«.[1]

Ich wähle diesen Einstieg in unser Gespräch, der gleichzeitig auf die soziologische und psychologische Brisanz – vor allem in Krisensituationen – hinweist. Sie, verehrter Herr Professor Heinrich, haben langjährige Führungserfahrungen als Chefarzt »alter Schule« und Leiter eines klinischen Großbetriebes, als kompetenter Gesprächspartner in wissenschaftlichen Gremien (Vorstand der Görres-Gesellschaft zur Pflege der Wissenschaft, dort als Leiter der Sektion Psychologie, Psychiatrie und Psychotherapie) und vielfacher Habilitations-»Vater« Ihrer Oberärzte an Ihrem Lehrstuhl an der Heinrich-Heine-Universität gesammelt, die später alle Chefärzte geworden sind. Sie haben quasi diagnostisch Geist und Seele zukunftsfähiger Führungskräfte sehen können. Das ist ein Erfahrungsschatz, aus dem Sie für Ihre Antworten auf folgende Fragen, schöpfen können. Aus Ihren Themenkreisen der Görres-Gesellschaft, nicht nur Psychologie und Psychiatrie, sondern auch Philosophie, Theologie, Politik und Gesellschaft, möchte ich Ihnen zunächst vier Fragen zu den Themen Angst, Identitätsverlust, Selbstzwang und neue Flexibilität stellen im Kontext zur Erosion der Bürgergesellschaft, also einem möglichen Paradigmenwechsel zur »Ent-Bürgerlichung«, wie Sie es ausdrücken.

Zunächst zum Ausgangspunkt unseres Themas: Was verstehen Sie unter »Bürger«, »bürgerlich« und »Ent-Bürgerlichung«?

Kurt Heinrich: Nach Kant ist Bürger der, der Stimmrecht in der Gesetzgebung hat. Er ist *citoyen*, das ist Staatsbürger, nicht Stadtbürger, *bourgeois*. Riedel hält es für bemerkenswert, dass Kant die traditionellen Begriffsmerkmale der rechtlichen und »ökonomischen« Selbstständigkeit zwar beibehält, aber zugleich umdeutet: um Bürger zu sein, sei es erforderlich, dass der Mensch »irgend ein Eigentum habe (…), welches ihn ernährt«.[2] Das Eigentum oder zumindest das Einkommen spielt auch bei der zeitgenössischen Definition des Bürgertums eine Rolle, der Bürger in diesem Sinne ist nicht Angehöriger des Prekariats oder Proletariats, sondern gehört mindestens zur Mittelschicht beziehungsweise Oberschicht. Staatsbürger ist auch der Hartz IV-Empfänger, er gehört aber, obwohl er ein *citoyen* ist, nicht zum Bürgertum. Die Sonderrolle des Adels hat an Bedeutung abgenommen, er gehört im Sinne der hier gemeinten Klassifizierung zum Bürgertum. Bei Karl Marx ist nach Riedel[3] der Gegenbegriff zum Proletariat weder der Staatsbürger noch der Bürger als Privatperson, sondern die »besitzende Klasse« als »Bourgeoisie«. Auch hier wird deutlich, dass sozioökonomische Gegebenheiten als Definitionsgrundlage eine entscheidende Rolle spielen. *Bürger (bourgeois)* ist, wer Besitz hat. Der Gegentyp des Proletariers ist besitzlos. Damit in Übereinstimmung wird die bürgerliche Gesellschaft in der Brockhaus-Enzyklopädie[4] seit den Bürgerlichen Revolutionen in England (1688/89), Nordamerika (1776) und Frankreich

(1789) bestimmt durch die Freiheitsforderung, die durch das Prinzip des Eigentums fundiert wird. Individuelle Freiheit und Eigentum waren im Liberalismus die Kernmerkmale des Bürgertums. Die Emanzipation von feudalen gesellschaftlichen Mächten wurde vor allem durch diese bürgerlichen Wesenszüge ermöglicht. Andererseits ist nach der Brockhaus Enzyklopädie das Bürgertum als klar abgrenzbare soziale Schicht heute nicht mehr definierbar. Sicher war in der Blütezeit des Bürgertums im 19. Jahrhundert diese Gesellschaftsschicht am deutlichsten ausgeprägt, nach dem Ersten Weltkrieg, der Nachkriegsinflation und nach Nationalsozialismus und Zweitem Weltkrieg hat das Bürgertum keine gesellschaftsbestimmende Funktion mehr. Es ist Oskar Köhler[5] Recht zu geben, der im Staatslexikon der Görres-Gesellschaft ausführt, dass trotz der Kernmerkmale Freiheit und Eigentum das Bürgertum nie eine einheitliche soziale Schicht gewesen ist. Eine solche Einheitlichkeit wurde schon durch die Aufspaltung des Bürgertums in Liberale und Konservative verhindert. Es gibt heute durchaus Menschen, die sich als Angehörige des Bürgertums empfinden, die jedoch keine »Besitzbürger« im engeren Sinne sind. Zugehörigkeit zur bürgerlichen Schicht definiert sich vor allem durch eine Mentalität, die den Kulturbegriff nicht in der durch die Medien, vor allem durch das Fernsehen, vermittelten Massenkultur aufgehen lässt. Dass das Bürgertum keine einheitliche soziale Schicht mehr ist, wird auch an seiner Verteilung auf die politischen Parteien deutlich, »Bürger« finden sich bei den Grünen, in der FDP, in der SPD und, wenn auch zum Teil recht frustriert, in der Union. Die parteipolitische Uneinheitlichkeit wird nur selten einmal durch eine geschlossene bürgerliche Willensbekundung abgelöst, wie es am 18. Juli 2010 bei dem Volksentscheid zur Schulreform in Hamburg geschehen ist. Die einschneidenden egalisierenden Strukturveränderungen, die die schwarz-grüne Koalition geplant hatte, wurden durch eine nicht anders als »bürgerlich« zu bezeichnende Mehrheit verhindert. Dies ist jedoch wohl als Ausnahme anzusehen, die »Ent-Bürgerlichung« der Gesellschaft ist weit vorangeschritten. Die »bürgerlichen Tugenden« (Fleiß, Sparsamkeit, Selbstdisziplin, Ehrlichkeit) werden nicht mehr als verhaltensbestimmend angesehen, sie werden als »Sekundärtugenden« abqualifiziert gemäß der Feststellung von Oskar Lafontaine, dass man mit solchen Eigenschaften auch ein Konzentrationslager führen könne. Ein Blick in die Programme der deutschen Fernsehsender, sowohl der öffentlich-rechtlichen wie der privaten, lässt erkennen, dass Geschmack und Mentalität der Unterschicht bestimmend für die Darbietungen sind. Ausnahmen wie Arte und 3sat bestätigen diese Aussage. Die zahlreichen Sommerfestivals mit ihren kultivierten Darbietungen klassischer Musik könnten auf den ersten Blick geeignet erscheinen, die These von der kulturellen Unterschichtdominanz zu widerlegen, die Zahlenverhältnisse lassen jedoch erkennen, dass die Massenevents mit hunderttausenden von Teilnehmern die öffentliche Wahrnehmung viel ausgiebiger prägen als Musikfeste im Rheingau oder in Schleswig-Holstein.

Der äußere Habitus der in die Bankenkrise 2009 verwickelten »Banker« ist zwar bürgerlich, diese Gruppe hat jedoch in ihrer Gier und Verantwortungslosigkeit die bürgerliche Tugend des Maßhaltens völlig vermissen lassen. Die Anzug- und Krawattenträger haben das Ausfransen des Bürgertums am oberen Rand genauso bewirkt wie die jugendlichen Jeans- und Kapuzenträger am unteren. Letztere können durchaus aus bürgerlichen Familien kommen, sie passen sich jedoch dem uniformierenden Unterschichtkleidungsstil an, weil sie gegen den herrschenden Trend nicht auffällig werden wollen.

Zur Ent-Bürgerlichung trug neben den beiden Weltkriegen, der Inflation und dem Nationalsozialismus die Revolte der 68er bei. Es hatte in Deutschland schon vor den 68ern Jugendunruhen gegeben, die allerdings nicht die aufwendige politische Fundierung aufwiesen und auch nicht im gleichen Maße die öffentliche Aufmerksamkeit fanden wie die Studentenrevolte. Im Zweiten Weltkrieg waren die »Edelweißpiraten« eine proletarische Jugendgruppe gewesen, die mit konspirativen Mitteln Freiräume von der Hitler-Jugend und der ideologischen Erfassung durch den NS-Staat anstrebte. Köln war eines der Zentren dieser Bewegung gewesen, die von der Gestapo zerschlagen wurde. Nach dem Krieg traten die »Halbstarken« in Erscheinung. Sie vertraten keine politische Ideologie, sie protestierten gegen bürgerliche Zwänge zur sozialen Einordnung. Die sozialen Postionen des Bürgertums konnten sie nicht beeinträchtigen. In den 1950er-Jahren verschwanden sie aus der öffentlichen Wahrnehmung. Auch die Schwabinger Krawalle 1962, in denen manche bereits einen Vorläufer der 68er-Studentenbewegung sahen, blieben ohne antibürgerliche Dauerwirkung. Ebenfalls 1962 kam es bei der sogenannten »Spiegel«-Affäre zu massenhaften Demonstrationen vor allem junger Menschen. Die Demonstranten behaupteten sich gegenüber der Staatsmacht, die als Verlierer aus der Konfrontation hervorging. Die Aufrührer, die durchaus Unterstützung aus dem Bürgertum erfuhren, lernten, dass man der Macht des Staates mit massenhaftem Protest erfolgreich gegenübertreten konnte. In diesen Erfahrungen kann der Anfang der Protestbewegung der 68er gesehen werden.

Das revolutionäre Bewusstsein der Studenten wurde in Deutschland in der Nachkriegszeit durch die Veränderungen im Bildungssystem gefördert. Es kam zu einer Vermassung der universitären Ausbildung, ohne dass die Strukturen der Universitäten geändert worden wären. Das numerische Verhältnis Dozenten/Studenten wurde immer ungünstiger.

Eine entscheidende Prägung erfuhren die 68er durch eine Subkultur ohne ökonomische Zwänge. Sie waren in der Freiheit der Universität ohne regulierte Arbeitsbelastung in der Lage, Zeit und Energie für ihre revolutionären Manifestationen aufzuwenden. Der Philosoph Jürgen Habermas meinte zutreffend, die 68er hätten dem Leistungsgedanken den Rest gegeben. Dieser Leistungsgedanke war eine zutiefst bürgerliche Wertvorstellung, was die Revolutionäre wussten. Mit seiner Auslöschung trafen sie das bürgerliche Wertesystem in seinem Zentrum. Große Teile der Politik sahen die Universitäten gleichsam als Spielwiese der Revoluzzer an, diese durften sich in ihnen austoben, wobei die Hoffnung bestand, dass der Aufruhr nicht auf den öffentlichen Raum übergreift. Die attackierten bürgerlichen Väter hatten den aufrührerischen Kindern die Idealposition materieller Rundumversorgtheit gesichert, Dankbarkeit der so Privilegierten wurde nicht erwiesen. Das ideologische Rüstzeug holten sich die Aufrührer aus der marxistischen Literatur[6], vor allem aus dem »Kapital« und bei Herbert Marcuse, Ernst Bloch, Georg Lukacs, Werner Krauss, Ernst Fischer und den

Häuptern der Frankfurter Schule, Adorno und Horkheimer. Der Suhrkamp Verlag trug zur Verbreitung der entsprechenden Traktate – nicht ohne angemessenen Profit – eifrig bei. Man sprach von der Suhrkamp-Kultur. Die Studenten waren nicht Repräsentanten verelendeter Massen, sondern materiell saturierte Bürgerkinder. Charakteristisch für ihre Protestbewegung war ein ausgeprägter antiinstitutioneller Affekt: »Macht kaputt, was euch kaputt macht.« Die mächtigste Institution, gegen die man sich wandte, war der Staat, der wahrheitswidrig als präfaschistisch denunziert wurde. Beschuldigungen wurden von einer Position der moralischen Überlegenheit aus vorgetragen. Es war eine häufig erfolgreiche Taktik, aus jeder Sachfrage eine moralische Frage zu machen. Die Diskussionsgegner, die aufgrund ihrer bürgerlichen Sozialisation meinten, man müsse sich um eine sachliche Lösung von Problemen bemühen, waren gegenüber dieser Moralisierung häufig hilflos. Dabei bestand der ausgeprägte Wille, die eigene Gruppe als neue Machtelite zulasten der zu eliminierenden alten Eliten zu etablieren. Der »Marsch durch die Institutionen« hat zahlreiche 68er in gesellschaftliche Führungspositionen als Professoren, Journalisten, Politiker und Angehörige des Kunstbetriebs gebracht. Joschka Fischer ging aus der Straßenkämpferszene in Frankfurt hervor, seine Wandlung von »Turnschuhrevoluzzer« zum bürgerlich gewandeten Außenminister entsprach nie einer Anerkennung bürgerlicher Werte. Herta Däubler-Gmelin war 68erin, Jürgen Trittin und Antje Vollmer waren Mitglieder der radikalkommunistischen K-Gruppen. Daniel Cohn-Bendit ist eine typische Führungsfigur der 68er, er ist ein extremer Individualist, liebt den Klamauk, hat große demagogische Fähigkeiten, andererseits scheut er kontinuierliche Arbeit erfordernde Führungsaufgaben.

Entgegen der rechtsstaatlichen bürgerlichen Ordnung wurde die Anwendung von Brachialgewalt von den Führern des Aufruhrs grundsätzlich gutgeheißen, sie sei notwendig, um die Interessen der unterdrückten Massen gegen den repressiven Staat (oder die Ordinarien-Universität) durchzusetzen. Rudi Dutschke hatte keine Hemmungen, ihm unangenehme Wortmeldungen bei sogenannten Vollversammlungen mit Brachialgewalt zu verhindern. Die aus den USA übernommenen Methoden des »Go-in«, »Teach-in« und »Sit-in« bewirkten, dass Andersdenkende an der freien Meinungsäußerung gehindert wurden. Auf diese Weise wurden Versammlungen von politischen Gegnern gesprengt, ihnen wurde das Wort abgeschnitten, sie wurden in ihrer persönlichen Bewegungsfreiheit behindert. Eine verbreitete Vorgehensweise war die Vorlesungsstörung bei unbeliebten Dozenten. Die Kollegs wurden umfunktioniert, indem zum Beispiel in einer thematisch ganz anders bestimmten Vorlesung verlangt wurde, über den Vietnam-Krieg zu diskutieren. Der Professor, der sich auf solche Diskussionsforderungen einließ, war nicht nur gehindert, seinen Unterricht zu erteilen, er hatte auch seine Autorität als Universitätslehrer preisgegeben. All dies spielte sich in absichtlich rüden Formen ab, den Angehörigen der Väter-Generation sollte klargemacht werden, dass sie keinen Anspruch auf Achtung ihrer persönlichen Würde oder auf die Wahrung bürgerlicher Umgangsformen hatten.

Das bereits erodierte Bürgertum, etwa vertreten durch die Universitätsprofessoren, hatte diesen Angriffen wenig entgegenzusetzen. Es zeigte sich, dass ein bürgerliches Bewusstsein im Sinne einer gefestigten, wirksamen Gruppenideologie nicht mehr bestand, bürgerliche Gegenbewegungen gegen die Revolte traten nicht in nennenswertem Umfang in Erscheinung. Zu welchen Zuspitzungen die Revolte führen konnte, wird durch das Abgleiten in den Terrorismus der sogenannten RAF und der »Bewegung 2. Juni« bewiesen. Die kriminell-tödliche Steigerung war schon vorher vorbereitet worden durch die mit fröhlicher Grausamkeit begangenen Gewalttaten gegen Sachen und Personen. Das Jahr 1968 markiert den Übergang von Teilen der 68er-Bwegung in den größenwahnsinnigen Terrorismus. Die Terroristen der Baader-Meinhof-Bande und ihrer Folgeorganisationen hatten das unerschütterliche Bewusstsein, zur Erreichung ihrer Umsturzziele morden zu dürfen. Den Opfern sprachen die Terroristen die Menschenwürde ab. Habermas ist zuzustimmen, dass es sich bei ihnen um »Linksfaschisten« handelte.

Erst in den 1990er-Jahren brach der Terrorismus zusammen, der Staat hatte sich endlich gegen die wütenden Angriffe behauptet. Seitdem ist eine kaum noch zu übersehende Literatur über die 68er und den Terrorismus in der Bundesrepublik entstanden. Manche Autoren sympathisieren offen mit dem revolutionären Geist der damaligen Jugend und meinen, dass die Bundesrepublik im Sinne einer Öffnung der Gesellschaft positiv verändert worden sei. Eine kitschige Revolutionsromantik ist unverkennbar. Sie erinnert an die Bilder der in den Berliner Straßen untergehakt hinter roten Fahnen demonstrierenden, »Ho-Ho-Ho Chi Minh« brüllenden Studenten, die sich dem Strahl der Wasserwerfer aussetzen. Die etablierten Nutznießer der Revolte finden diese ohnehin berechtigt. Noch immer besteht auch ein verbreitetes Sympathisantenfeld, das sich an dem Gedanken erwärmt, dass die 68er »die Verhältnisse zum Tanzen gebracht haben«. Die Universitäten in der alten Bundesrepublik, früher Zentren bürgerlichen Bildungsstrebens, sind schwer beschädigt zurückgeblieben, sie haben sich noch heute nicht erholt. Das schon vorher schwer angeschlagene Bürgertum hat durch die Auswirkungen der Studentenrevolte noch einmal an gesellschaftsprägender Kraft verloren. Die bürgerlichen Werte spielen nur noch eine geringe Rolle. Die 68er, übermütige Bürgerkinder, haben einige Jahre ihren Spaß gehabt. Sie haben Lenin spielen dürfen (Golo Mann). Die entbürgerlichte Republik leidet noch heute an den Folgen. Oskar Köhler spricht folgerichtig von einer jetzt bestehenden nachbürgerlichen Gesellschaft von Angestellten, vom qualifizierten Arbeiter bis zum Unternehmer. Der Mittelstand unterscheidet sich sozial und kulturell nicht vom allgemeinen Stil der Industriegesellschaft. Die »freien Berufe« (zum Beispiel Ärzte) rangieren im »Mittelstand«. Im 20. Jahrhundert wurden die Formen des Honoratiorenbürgertums preisgegeben, weil sie in einer auf Durchschnittsstil geeinten Gesellschaft nicht mehr als zeitgemäß empfunden wurden. Köhler stellt lapidar fest, das Bürgertum sei zu Ende. Bürgerliche Lebensregeln wie der Volksentscheid gegen die Schulreform am 18. Juli 2010 in Hamburg sind Ausnahmen. Eine solche Ausnahme kam zustande, weil der Kern der Familie, die elterliche Sorge um die Schulausbildung der Kinder getroffen wurde.

Hans U. Brauner: Leben wir in einer Angstgesellschaft? Könnte diese *Angst*, die sich als finanzielle und existenzielle Angst (Terrorismus, Wirtschaftskrise, Umweltkatastrophen und so weiter) äußert, zu einer Ent-Bürgerlichung führen beziehungsweise schon geführt haben?

Kurt Heinrich: Die Krankheitslehre der modernen Psychiatrie klassifiziert die pathologischen Angststörungen als Phobien, sonstige Angststörungen (zum Beispiel Panikstörung, generalisierte Angststörung), Zwangsstörungen und Reaktionen auf schwere Belastungen und Anpassungsstörungen (zum Beispiel posttraumatische Belastungsstörung). Diese Angststörungen erreichen ihrer Intensität nach Krankheitswert, sie stellen umschriebene pathologische Syndrome dar, die der psychiatrischen Behandlung bedürfen. Darüber hinaus gibt es eine allgemeine Angst und Unsicherheit, die ein Lebensgefühl darstellen, das die innere Freiheit und das Wohlbefinden der Menschen stört, ohne dass eine Intensität erreicht wird, die zu einer psychiatrischen Behandlung führt. In nicht unerheblichen Teilen der Gesellschaft ist es zu einer existentiellen Verunsicherung gekommen, die ein Angstgefühl erzeugt hat, das vor allem politisch relevant geworden ist. Hermann Lübbe hat mit dem Begriff der »Gegenwartsschrumpfung«[7] den Vorgang der Verkürzung der Extension der Zeiträume, für die wir mit einiger Konstanz unserer Lebensverhältnisse rechnen können, beschrieben. Nach Reinhart Koselleck[8] werden bei der Wahrnehmung der Geschichtszeit Erfahrungsraum und Zukunftshorizont inkongruent. Die Erfahrungen, die wir oder unsere Väter im Umgang mit unseren bisherigen Lebensverhältnissen hätten machen können, eigneten sich in Abhängigkeit von der Veränderung unserer Lebensverhältnisse fortschreitend weniger als Basis unseres Urteils über das, womit wir oder unsere Kinder und Kindeskinder für die Zukunft zu rechnen hätten. Erfahrungen der »Gegenwartsschrumpfung« hängen nach Lübbe an einem nur scheinbar paradoxen Effekt der temporalen Innovationsverdichtung. Komplementär zu Neuerungsrate wachse zugleich die Veraltensrate. Die künstlerische Innovationsrate sei in dem Jahrzehnt von 1960 bis 1970, kenntlich an den Stilepochennamen gegenüber den Verhältnissen von 1850 bis 1900, um den Faktor 10 gestiegen. Man erkenne leicht, dass, jenseits einer ungewissen Grenze, eine derartige Innovationsverdichtung unsere Innovationsverarbeitungskapazitäten erschöpfen müsse. Jede Vorliebe sei nun erlaubt, alles gehe (»anything goes«). Die Richtung des Fortschritts sei unerkennbar geworden, mit ihrer Unerfüllbarkeit entfalle die intellektuelle Verpflichtung, kulturell »up to date« sein zu sollen. Postmoderne Kultur sei Kultur in Reaktion auf die Überforderung durch die Moderne (... das Ende der Avantgarde sei erreicht – nicht, weil niemandem mehr etwas Neues einfiele, vielmehr genau umgekehrt deswegen, weil das Neue kraft seiner unausschöpfbaren Fülle seine Verbindlichkeit eingebüßt hatte.

Die »Gegenwartsschrumpfung« habe auch Konsequenzen für unser Verhältnis zur Zukunft. Mit der Erhöhung der zivilisatorischen Innovationen pro Zeiteinheit schrumpfe zugleich der Abstand von derjenigen Zukunft, in die hineinzublicken bedeutet, in eine Zukunft zu blicken, für die wir in wachsendem Umfang nicht mehr mit gegenwartsanalogen Verhältnissen rechnen dürfen.

Die immer schneller aufeinander folgenden Neuentwicklungen haben eine existenzielle Labilität in der Gesellschaft zur Folge. Nichts ist mehr sicher. Die großen weltanschaulichen Gruppierungen, Parteien, Kirchen zum Beispiel, haben ihre frühere Bindungskraft verloren, sie geben vielen Menschen keinen verlässlichen Halt mehr, früher tragende Strukturen sind unsicher geworden und haben ihre schützende und bergende Funktion verloren. Das Gefühl der quasi instinktiven Zugehörigkeit zum eigenen Land hat seine beruhigende Selbstverständlichkeit eingebüßt, Aufwallungen des Patriotismus bei großen Fußballereignissen stellen kein wirkliches Gegenargument dar. Die Tatsache, dass Soldaten der Bundeswehr in offenbar zunehmendem Maße nach amerikanischen Muster nach dem Einsatz in Afghanistan posttraumatische Belastungsstörungen entwickeln, lässt erkennen, dass die Armee nicht mehr in der Lage ist, allen ihren Angehörigen ein psychisch stabilisierendes Gefühl der soldatischen Identität zu vermitteln. Posttraumatische Belastungsstörungen traten bei amerikanischen Soldaten im Vietnam-Krieg auf, die amerikanische Gesellschaft empfand diesen Krieg als sinnlos und unethisch, die Soldaten wurden mit Gefahren und Sorgen weitgehend allein gelassen. Mit dem Afghanistan-Einsatz der Bundeswehr verhält es sich jetzt ähnlich, denn der Sinn dieses Einsatzes, der erst spät wahrheitsgemäß Krieg genannt werden durfte, wird von vielen bezweifelt. Die Soldaten müssen zu der Auffassung gelangen, dass sie etwas Hochgefährliches und dabei Sinnloses tun. Die resultierende Angst ist nicht einmal nur auf die erhebliche objektive Lebensgefährlichkeit des Einsatzes zurückzuführen, sondern auf den Mangel an stabilisierender psychologischer Unterstützung durch die eigene Führung.

Es wäre einmal zu prüfen, ob die von den Gewerkschaften immer wieder vorgetragene Forderung nach sozialer Gerechtigkeit nicht ihren Grund in einer verbreiteten kollektiven Verunsicherung vieler Menschen hat. Soziale Gerechtigkeit soll den Einzelnen gegen befürchtete Daseinsunsicherheiten schützen und ein Leben ohne materielle Not sicherstellen. Die kollektive Angst führt zur Bildung kollektiver Schutzorganisationen (Krankenkassen, Gewerkschaften), die dem Einzelnen eine Mindestversorgung garantieren sollen. Es ist unvermeidlich, dass diese Institutionen eine beträchtliche Macht erlangen, die dem bürgerlichen Individualismus entgegensteht. Die im Übrigen nicht unbegründeten Ängste haben die Schaffung von Organisationen zur Folge, die auch nach ihrem Selbstverständnis durchaus unbürgerlich sind. Sie sind aus unserer Gesellschaft nicht mehr wegzudenken, sie werden seit Bismarck einhellig als große soziale Errungenschaften angesehen.

Neben die Ängste um das gesundheitliche und soziale Befinden treten weitere Angsterscheinungen, wie zum Beispiel die Angst vor der Atomkraft oder vor der Klimaänderung. Es wäre verwunderlich, wenn Meinungsmacher und Politik sich diese Themenfelder bei ihrem eigenen Agieren entgehen ließen. Eine Partei wie die Grünen, die durchaus bürgerlichen Ursprungs ist, ist mit den Themen der Ablehnung der Atomkraft und dem Klimawandel erfolgreich. Die SPD hat diese Leitthemen ebenfalls übernommen. Die sogenannten bürgerlichen Parteien Union und FDP sind offensichtlich verunsichert und lassen aus Angst vor den Wählern klare Standpunkte vermissen, obwohl bisher nicht anhand ausreichender Fakten dargetan wurde, dass ein Industriestaat wie Deutschland seinen Energiebedarf nur mit erneuerbaren Energien decken kann. Merkwürdigerweise ist so gut wie keine Angst vor einer drohenden Energieknappheit nach dem Abschalten der Atomkraftwerke und der Schließung der Kohlegruben festzustellen (vor der Energiewende bis 2050). Die Ent-Bürgerlichung, d. h. in diesem Falle die Aufgabe rationaler, auf wissenschaftliche Daten gestützter Erwägungen kann als antibürgerlich bezeichnet werden. Zu den bürgerlichen Tugenden gehört eben auch eine vernunftgemäße Beurteilung von Situationen ohne wunschgeleitete Verzerrung des Tatsächlichen.

Es gibt Hinweise darauf, dass die Deutschen in besonderer Weise angstanfällig sind. In der angelsächsischen Welt spielt der Begriff der »German Angst« eine Rolle. Die Verunsicherung der Deutschen durch Schuldgefühle wegen des Nationalsozialismus und wegen der Katastrophe des Zweiten Weltkriegs hat einem unangefochtenen Gefühl für die eigene, positiv zu sehende Identität weithin den Boden entzogen. Kennzeichnend für diesen Identitätsverlust ist die Vernachlässigung der deutschen Geschichte jenseits der ominösen zwölf Jahre in den Schulen. Das Bürgertum des ausgehenden 19. Jahrhunderts identifizierte sich nicht selten im Übermaß mit einer germanozentrisch gesehenen Geschichte, diese übertriebene Haltung ist jetzt in ihr Gegenteil umgeschlagen. Der Verlust der intellektuellen Relevanz des Bürgertums zeigt sich auch darin. Die Deutschen sind historisch unbehaust, die »deutsche Angst« hat wohl auch darin ihre Wurzeln.

Hans U. Brauner: Herr Professor, könnte Ihre Einschätzung von der Ent-Bürgerlichung auch mit einem individuellen *Identifikationsverlust* zusammenhängen? Ist man als Person noch unverwechselbar, hat man noch das Gefühl des Einsseins mit den eigenen Vorstellungen, gibt es noch eine Weseneinheit von Beruf und Ethos (Arzt, Rechtsanwalt) oder von Glaube und Kirche? Werden die Menschen immer mehr zu Massenteilchen einer gesellschaftlichen Entwicklung, deren Richtung sie selbst nicht mehr einschätzen können und passen sie sich zur Wahrung eigener Interessen immer mehr an? Verlieren die Individuen damit auch ihre gewachsene Identität und werden sie knetbare, flexible, überall anlegbare Puzzlesteine?

Kurt Heinrich: Wir sind Zeuge einer durch Politik und Medien geförderten Vermassung der Menschen, die in der Masse Halt suchen und auch finden. Die zeitgenössischen Organisatoren von Massenveranstaltungen (Sportveranstaltungen, Kirchentage, Bewirtung auf einer vorübergehend stillgelegten Autobahn im Ruhrgebiet, Love Parade in Duisburg, Volksfeste wie Oktoberfest in München oder Kirmes in Düsseldorf) berichten mit allen Zeichen des Stolzes und der Genugtuung, dass die jeweilige Veranstaltung von 800 000 oder einer Million Menschen besucht wurde. Betrachtet man Fotografien dieser »events«, so fällt auf, dass sie alle ausgesprochen unkomfortabel sind, der Einzelne hat kaum noch Bewegungsfreiheit, der Abstand zum Nachbarn ist minimal. Individuelle Mobilität ist kaum mehr vorhanden. Genau diese Aufgabe der eigenen Individualität scheint jedoch gesucht zu werden, das Geborgensein in der Masse wird als angstlösend erlebt. Es befreit von der Anstrengung zur Individualität, das schöne Gefühl der Gleichgesinntheit wirkt entspannend. Der Einzelne ist für einige Zeit nicht mehr für sich selbst verantwortlich, er geht in der aus gleichförmig gewordenen Mitgliedern bestehenden Masse auf. In einem gewissen Maße ist er nicht mehr für sich selbst verantwortlich, die Masse bestimmt seine Bewegungen. Dies erinnert an Fische, die in der Zusammenballung zum Schwarm Schutz vor Räubern suchen.

Die Geschichte des Bürgertums zeigt, dass dieses Verhalten unbürgerlich ist, der Bürger war stolz darauf, ein Individuum zu sein und sich von anderen zu unterscheiden. Er fand seinen Halt in einer ganz bestimmten Mentalität mit fest gefügten Ritualen, was bis zur »bürgerlichen« Kleidung ging. Die heute vielfach verpönte Krawatte ist geradezu ein Kennzeichen einer derartigen bürgerlichen Gesinnung. Es ist wenig wahrscheinlich, dass sich bei den erwähnten Massenevents Krawattenträger einfinden. Andererseits haben die schlimmen Erfahrungen mit bestimmten »Bankern« in der Bankenkrise gezeigt, dass der bürgerliche Habitus nicht unbedingt eine bürgerliche Gesinnung im Sinne des ehrbaren Kaufmanns garantiert.

Nun ist die Masse allerdings nicht in der Lage, eine dauerhafte Identifikation des Einzelnen mit den Institutionen der Gesellschaft zu vermitteln. Es besteht die Gefahr, dass die Menschen haltlos und manipulierbar werden und dass sie von gesellschaftlichen Kräften vereinnahmt werden, die ihnen »soziale Gerechtigkeit« und Alimentierung versprechen.

Ein Beispiel für die Realität der Ent-Bürgerlichung bietet der Ärztestand. Ärzte galten früher als charakteristische Vertreter bürgerlicher Mentalität und Lebensführung. Leitbild war der »freie« niedergelassene Arzt in eigener Praxis. Dies hat sich in entscheidenden Aspekten geändert. Die ärztlichen Standesfunktionäre sind stolz auf ihre gewerkschaftlichen Erfolge bei »Lohnverhandlungen«, nicht selten wurden diese Forderungen durch Streiks unterstützt. Der Streik war immer schon eine Kampfform der organisierten Arbeiterschaft, die sich als außerhalb des Bürgertums stehend empfand. Die Ärzte haben die gewerkschaftlichen Organisations- und Streikformen übernommen, wofür sie allerdings ungeachtet ihrer ökonomischen Erfolge einen hohen Preis gezahlt haben. Sie haben entscheidende bürgerliche Merkmale ihrer gesellschaftlichen Gruppe aufgegeben, ein entsprechender Statusverlust wird auf die Dauer nicht ausbleiben. Dazu kommt, dass die Streiks unvermeidlicherweise zu Benachteiligungen von Patienten geführt haben, die mit dem ärztlichen Ethos nicht vereinbar sind.

Ein weiteres gesellschaftliches Feld, auf dem die Bürgerlichkeit sichtbar an Bedeutung verloren hat, ist die Schule, vor allem die Grundschule. Die Lehrerschaft hat sich, vor allem seit der Studentenrevolte 1968, den antibürgerlichen Usancen angepasst beziehungsweise hat diese übernommen, dabei hat sie ganz wesentlich an Respekt eingebüßt. Die Politik betreibt mit Eifer eine Egalisierung der Schulen, das Gymnasium als eine der letzten Bastionen der Bürgerlichkeit sieht sich heftigen Angriffen ausgesetzt. In Hamburg ist es am 18. Juli 2010 beim Volksentscheid über die Schulreform noch einmal gelungen, das Gymnasium mit Erfolg zu verteidigen, die rot-grüne Landesregierung in Nordrhein-Westfalen will 2010/2011 ihre egalitäre Ideologie unbedingt durchsetzen und das verhasste Gymnasium so schwächen, dass es nicht mehr lebensfähig ist. Ein derartiger Versuch ist vor Jahren schon einmal fehlegeschlagen, eine Mehrheit von Bürgern hat diesen Reformversuch vereitelt. Es bleibt abzuwarten, ob dies auch dieses Mal wieder gelingt. Es ist erkennbar, dass das geschwächte Bürgertum gerade, wenn es um den Erhalt des Gymnasiums geht, den Willen und die Fähigkeit zum Widerstand zeigt. Dies ändert nichts an der Feststellung, dass das Bürgertum insgesamt kein bestimmender gesellschaftlicher Faktor mehr ist.

Hans U. Brauner: »Die Sicherheiten (...) einer bürgerlichen Lebenswelt, die ihre Fundamente zwischen ständischen Traditionen, protestantischer Ethik, katholischer Sozialmoral und biedermeierlicher Lebenskultur hatte, sind seit dem Ende der 80er-Jahre des 20. Jahrhunderts verloren gegangen. Die zentrale Qualifikation, die von Menschen am Beginn des 21. Jahrhunderts gefordert wird, heißt *Flexibilität*.«[9] Mit diesen Worten ist eine Wiener Vorlesung zum Thema Flexibilität eingeführt worden. Können Sie dieser Forderung zustimmen, längerfristige Ordnungen aufzulösen, damit Männer und Frauen anpassungsfähig und geschmeidig sind, neugierig, offen und vor allem bereit für Veränderungen und Mobilität?

Kurt Heinrich: Neben der Verminderung der Bindungsfähigkeit an weltanschauliche Gemeinschaften (Kirchen, Parteien, »Vaterland«) ist die von der Kultur des neuen Kapitalismus geforderte Flexibilität des Menschen (Richard Sennett)[10] eine wichtige Ursache für das Schwächerwerden bürgerlicher Gesinnungen. Nach Sennett erzeugt der neue Kapitalismus eine durchgehende Unsicherheit, nicht nur bei den Verlierern, auch bei den Gewinnern geht jede Gewissheit verloren. Das zukunftsorientierte Wirtschaften sei ganz auf Kurzfristigkeit und Elastizität angelegt. Dieses neue »Regime« fordere den flexiblen Menschen, der sich ständig neuen Aufgaben stellt und stets bereit ist, Arbeitsstelle, Arbeitsformen und Wohnort zu wechseln. Sennett fragt mit Recht, ob die Kurzfristigkeit des Wirtschaftens nicht mit dem menschlichen Charakter in Konflikt geraten müsse, der auf Langfristigkeit, Verlässlichkeit und Entwicklung angewiesen sei. Statt des menschlichen Charakters kann man hier den Begriff der Bürgerlichkeit einsetzen, der seine Verbindlichkeiten aus den genannten Gegebenheiten bezieht. Richard Sennett stellt mit Recht fest, dass ohne Gewissheiten und ohne langjährige Freundschaften und Verbindungen ein zielloses und letztlich gleichgültiges Dahintreiben (»Drift«) entstehe. Dagegen war die Existenz des Bürgers in überschaubare Lebensverhältnisse eingebettet, seine Beziehungen zu anderen Menschen waren dauerhaft, nicht zuletzt galt dies in weitem Umfang für die Ehe. Zwar waren die Verstöße gegen die Dauerhaftigkeit der ehelichen Bindung zahlreich, jedoch waren sich die Menschen der Tatsache bewusst, dass es sich um Verstöße gegen die bürgerliche Norm handelte, wenn außereheliche Abenteuer gesucht wurden oder eine Ehe durch Scheidung beendet wurde. Das Bürgertum war nie eine Gesellschaft der Makellosen, die Überschreitungen der normativen Regeln waren zahlreich. Trotzdem war man sich dabei immer bewusst, dass man wider die Gesetze der eigenen Gruppe handelte.

Steinert[11] meint, dass die Ökonomisierung aller Lebensbereiche die Sicherheiten der, wie er es nennt, »Fodistischen« Arbeitswelt und bürgerlichen Lebenswelt zerstört habe. Dieser Wandel sei seit Ende der 80er-Jahre des 20. Jahrhunderts eingetreten. Auch Steinert betont die Flexibilität als zentrale Qualifikation zu Beginn des 21. Jahrhunderts. Männer und Frauen müssten anpassungsfähig, geschmeidig und neugierig auf Neues sein, gefordert werde die Fähigkeit, sich ständig auf neue, komplexe Normen, Regeln und Ordnungen einstellen zu können. Bodenständigkeit, Wertorientierung, Beständigkeit und Traditionsgebundenheit reduzierten die Chancen, die Individuen im alltäglichen Konkurrenzkampf haben. Historische Verwurzelungen der Individuen in Familie, Region, Religion, Arbeit und Berufsqualifikation, Politik, Nachbarschaft, in der Kultur insgesamt, würden gelockert und gekappt. Steinert führt mit diesen Verwurzelungen geradezu einen Katalog bürgerlicher Leitvorstellungen auf, deren Verlust zu Beginn des 21. Jahrhunderts manifest wird. Auch er betont die Vermassung der Menschen, die zu Masseteilchen einer gesellschaftlichen Entwicklung würden, deren Richtung, Dynamik und Bedeutung sie kaum einschätzen können. Die Individuen verlören damit auch ihre individuell gewachsene Identität, sie würden verschiebbare, flexible, jederzeit und überall andockbare Puzzlesteine.

Steinert verdanken wir auch den interessanten Hinweis auf die Rolle des immer mehr um sich greifenden Beratungswesens (Consulting) in der Wirtschaft. Nach dem – bürgerlichen – Eigentümer-Kapitalismus der Industrialisierung im 19. und dem Manager-Kapitalismus des 20. Jahrhunderts hätten wir es heute mit einem Berater-Kapitalismus zu tun. Steinerts Urteil ist hart, ist aber gerade auch vor dem Hintergrund der Bankenkrise verständlich: auf der Unternehmerseite sei der »zuverlässige Mensch« abgeschafft. Die Bindungen, die den »ehrbaren Kaufmann« ausmachten, seien schon im Manager-Kapitalismus weitgehend gelöst gewesen. Die Berater hätten einen begrenzten Auftrag und übernähmen keine Garantie für den Erfolg ihrer Ratschläge. Niemand erwarte von ihnen Zuverlässigkeit oder auch nur Seriosität. Die Topmanager zögen als Söldner von einem Unternehmen zum nächsten, wenn sie eines völlig in den Sand gesetzt und damit die Chance für weitere Engagements versiebt hätten, würden sie – siehe Ron Sommer – Berater.

Dies sind harte Worte – angesichts der Wirtschaftskrise 2001 und der Bankenkrise 2008 sind schwächere Formulierungen wohl nicht angebracht. Der äußere Habitus der ökonomischen Führungsschicht ist durchaus bürgerlich. Kleidung, Dienstwagen, Wohnkomfort und kulturelle Vorlieben entsprechen durchaus tradierten bürgerlichen Vorstellungen, die professionellen Gesinnungen sind jedoch, zum Beispiel bei Investmentbankern, nicht mehr bürgerlich zu nennen. Das Verhalten dieser Banker war in vielen Fällen durch Maßlosigkeit gekennzeichnet, eine derartige Spielermentalität steht bürgerlichen Tugenden entgegen. Aussichten auf eine Änderung dieser Einstellungen besteht offenbar nicht, nach den Maßnahmen der Staaten gegen die Bankenkrise und der Rettung vieler Bankinstitute durch die Steuerzahler hat sich das Verhalten der Verantwortlichen in den Banken nicht geändert. Es wird weiter spekuliert, es werden horrende Boni ausgezahlt, Lehren wurden von den Schuldigen nicht gezogen.

Eine Wiederbelebung des Bürgertums und bürgerlicher Gesinnungen ist nicht in Sicht. Die Vermassung der Gesellschaft, die wohlfahrtsstaatliche Gängelung der Menschen und das maßlose Profitstreben in der Oberschicht werden weiterhin zunehmen. Die Aushöhlung der bürgerlichen Tugenden und des auf Werte gestützten Individualismus werden weiterhin betrieben werden. Gelegentliche bürgerliche Aufwallungen, wie beim Volksentscheid in Hamburg im Juli 2010, werden daran nichts ändern. Die Wurzellosigkeit der Menschen wird weiterhin mit Erfolg durch mediale Ersatzspiele überdeckt werden, die Unterhaltungsindustrie wird die Unterschicht mit dieser gemäßen Produktionen ruhigstellen, während die Oberschicht ihre wirtschaftlichen Ziele möglichst einschränkungslos verfolgen wird. Mit bürgerlichen Wertmaßstäben haben beide Gruppen nichts im Sinn. Auch von der Politik ist nichts zu hoffen, eine Renaissance des Bürgertums wird von ihr nicht angestrebt. Eine Wiederbelebung bürgerlicher Werte würde die Manipulierbarkeit der Bevölkerung behindern und ist deshalb kein Ziel. Die frühere Bürgerpartei CDU hat große Teile ihrer früheren Identität eingebüßt, viele Mitglieder sind unglücklich darüber, können aber an den Fakten nichts ändern. Ein wieder erstarkendes Bürgertum zu erwarten ist so ungerechtfertigt wie die Vorhersage einer Renaissance des Adels als einer gesellschaftsbestimmenden Kraft.

Hans U. Brauner: In einer Harvard-Veröffentlichung[13] werden folgende Generationenbegriffe beschrieben, die unsere moderne bürgerliche Gesellschaftsstruktur kennzeichnen:

Stille Generation (Jahrgänge 1925–1945), vom »Time«-Magazin 1951 so genannt, die während der Weltwirtschaftskrise und dem Zweiten Weltkrieg geboren sind: Aufbaugeneration, Traditionalisten, kleinste Gruppe der arbeitenden Gesellschaft, 2020 nur noch 1% Anteil.

Babyboomer-Generation (Jahrgänge 1946–1964),
die konsumverwöhnt, leistungsorientiert und politisch orientiert sind, zurzeit 40% der Erwerbstätigen, 2020 voraussichtlich auf Platz 2 nach den »Millennials«.

Generation X (Jahrgänge 1965–1976),
vom Kanadier Douglas Coupland so bezeichnet, mit dem Lebensgefühl »Null-Bock-Generation«. Unpolitische Schlüsselkinder, konsumfreudige »Generation Golf«, geburtenschwach, 2020 weltweit wohl drittgrößte Gruppe der Erwerbstätigen.

Generation Y/Millennials (Jahrgänge 1977–1997),
mit hoher Technikaffinität, auch Digital Natives, Internet-Generation oder Generation Praktikum genannt. Sie gilt als gut ausgebildet, technisch versiert, mobil, anspruchsvoll, leistungsstark. Zurzeit zweitgrößte Gruppe, 2020 50% der Arbeitnehmer.

Fazit dieser Untersuchung über »Millennials« ist: »Ehrgeizige, mobile, sozial engagierte Mitarbeiter, die von ihren Vorgesetzten einen anderen Kommunikationsstil verlangen – Feedback per SMS statt warmer Worte im Eckbüro.«

Herr Professor Heinrich, wir beide gehören nach dieser Klassifizierung zur »Stillen Generation«, die man zu unserer Zeit überwiegend als bürgerlich und auch zukunftsfähig bezeichnen konnte, was sich später als richtige Einschätzung erwies. Als ich mit meiner Familie 1946 als Flüchtling nach Baden-Württemberg kam, wurden wir damals »Flüchtlinge«, aber auch »Neubürger« genannt.

Es ist zu vermuten, dass »Millennials« am ehesten der Nachwuchs für zukunftsfähige Manager/Unternehmer sein werden, von denen man »bürgerliche Werte« erwarten kann, vielleicht »neubürgerliche« in Weiterentwicklung des bisherigen Deutungen von bürgerlich. Wie sind Ihre Einschätzungen hinsichtlich »Ent-Bürgerlichung« und »Neu-Bürgertum«?

Kurt Heinrich: Mit Ihrer Einschätzung, dass wir wohl beide der »Stillen Generation« angehören, haben Sie Recht. Wahrscheinlich entsprechen auch die »Generation Y«/die »Millennials« Ihren Erwartungen, wohl zukunftsfähige Bürger und Unternehmer zu werden.

Hans U. Brauner: Abschließend gestatten Sie einige Fragen zu der bereits angekündigten Chance einer möglichen *bürgerlichen Renaissance,* nachdem wir bisher die Entwicklung zur Ent-Bürgerlichung weitgehend mit pessimistischen und krankhaften Hinweisen analysiert haben.

Ich darf an dieser Stelle vier gesellschaftspolitische Autoren ins Gespräch bringen, die sich mit der gesellschaftlichen Zukunft, insbesondere Überlegungen mit teilweise optimistischen Überlegungen beschäftigt haben: Jared Diamond mit »Kollaps. Warum Gesellschaften überleben oder untergehen« (2005), Paul Kirchhof mit »Das Gesetz der Hydra. Gebt den Bürgern ihren Staat zurück!« (2006), Peter Sloterdijk mit seinem Bestseller »Du mußt Dein Leben ändern« (2009) und schließlich Thomas Lauren Friedman »Was zu tun ist – Eine Agenda für das 21. Jahrhundert« (2009).

Während der amerikanische Anthropologe Jared Diamond Warnsignale schildert, die zum Untergang von Imperien führen, zeigt er uns gleichzeitig, dass die Zukunft der Gesellschaft in unserer Hand liegt: Klimakatastrophen, rapides Bevölkerungswachstum, politische Fehleinschätzungen könnten aus seiner Sicht eingeschränkt werden.

Zu ähnlichen Perspektiven eines »Code Green« kommt überraschenderweise der Pulitzer-Preisträger Thomas Lauren Friedman, Der amerikanische Originaltitel »Hot, Flat and Crowded. Why the World needs a Green Revolution and How We Can Review our Global Future« (2008) zeigt deutlich seine Meinung. Eine gesellschaftliche Renaissance müsste beim Klima und bei der Überbevölkerung mit ihrem Raubbau und Ressourcen ansetzen. Was ist Ihre Meinung zu der »Code Green«-Perspektive der beiden Autoren Diamond und Friedman? Wäre das eine zukunftsfähige Renaissance der Bürgerlichkeit?

Der katholische Bundesverfassungsrichter a. D. Paul Kirchhof vertritt andererseits konservative Perspektiven, wenn er Beispiele für zwölf »Schwertstreiche des Herakles« gegen das Gesetz der Hydra vorschlägt, um deren nachwachsende bürokratischen und bürgerfeindlichen Köpfe abzuschlagen. Seine Gedanken orientieren sich offensichtlich an konservativen Tugenden, die er flexibilisiert. Ich zitiere zwei seiner Herakles-Waffen, die er bereit legt: »Das Schwert gegen das Misstrauen, das die Freiheitskraft der Bürger schwächt.« Und: »Das Schwert gegen eine im Erwerbsleben sterbende Gesellschaft«. Sind solche Vorschläge geeignet, eine Ent-Bürgerlichung aufzuhalten und die Entwicklung in eine neue Bürgerlichkeit mit reformierten Normen zu beeinflussen?

Peter Sloterdijk, der durch seine Auftritte im Fernsehen zusammen mit Rüdiger Safranski und Manfred Osten in philosophischen Talk-Shows, Vorträgen und Printmedien die philosophische und soziologische Meinungsbildung zum Bürgertum beeinflusst, vertritt bereits durch den auf Rainer Maria Rilke zurückzuführenden Titel seines Buches (»Du mußt Dein Leben ändern«) eine eher konservativ gefärbte Denkungsart: *Veränderungen* durch *Übungen* – evolutionär, nicht revolutionär. Wenn man gewisse Vorurteile gegen die Person von Peter Sloterdijk zurückstellt, die zum Beispiel seine rhetorische Kreativität betreffen, so ist sein stetiger Aufruf zur Veränderung des menschlichen Verhaltens als Vordenker wohl nicht abzustreiten.

Herr Professor Heinrich, wie sehen Sie die Erfolgschancen der bürgerlichen Evolutionsgedanken von Paul Kirchhof und Peter Sloterdijk, die beide in einer bürgerlichen Region (Heidelberg und Karlsruhe) leben und bürgerliche Berufe (Bundesverfassungsrichter a. D./Universitätsprofessor der eine und Philosophieprofessor und Rektor der andere) ausüben? Oder können Sie optimistische Hinweise als Alternativen geben, die positive Veränderungen erhoffen können?

Kurt Heinrich: Ich kann auf diese sehr komplexen soziologischen Fragen leider nicht positiv antworten. Insgesamt ist meine Beurteilung auf Ihre Fragen relativ pessimistisch ausgefallen, wenn man unsere Zeitumstände betrachtet, kann man meiner Meinung nach aber nicht anders reagieren.

Hans U. Brauner: Herr Professor Heinrich, ich danke Ihnen für das offene Gespräch. Sie haben Ihre Fachkompetenz in der Psychiatrie und Ihre interdisziplinäre soziale Kompetenz glaubwürdig in einem Diskurs über die kritische Entwicklung der Bürgergesellschaft eingebracht.

Anmerkungen:

1 Lübbe, Hermann: Zwischen Herkunft und Zukunft. Bildung in einer dynamischen Zivilisation, Wiener Vorlesungen 23. April 1997, Wien 1998, S. 24.
2 Kant, Immanuel: Über den Gemeinspruch: Das mag in der Theorie richtig sein, taugt aber nicht für die Praxis. Zum ewigen Frieden. Ein philosophischer Entwurf (1793), Akad.-A. 8, S. 295f.
3 Riedel, Manfred: Bürger, Bourgeois, Citoyen, in: Historisches Wörterbuch der Philosophie, herausgegeben von Joachim Ritter, Karlfried Gründer und Gottfried Gabriel, Band 1, Basel/Stattgart 1971, Sp. 962–966
4 Brockhaus Enzyklopädie, Band 4, 20. Aufl., Mannheim 1999.
5 Köhler, Oskar: Bürger, Bürgertum, in: Staatslexikon. Recht, Wirtschaft, Gesellschaft, herausgegeben von der Görres-Gesellschaft, Band 1, Freiburg/Basel/Wien 1985, Sp. 1040–1045
6 Marx, Karl: Kritik des Hegelschen Staatsrechts (1843), Marx-Engels-Werke (MEW), Band 1, Berlin 1957, S. 279
7 Lübbe, Hermann (1997)
8 Koselleck, Reinhart, zitiert nach Hermann Lübbe (1937)
9 Hubert Christian Ehalt, Vorwort zu Heinz Steinert: Neue Flexibilität, neue Normierungen: Der zuverlässige Mensch der Wissensgesellschaft, Wiener Vorlesungen 6. Mai 2004, Wien 2005, S. 11f.
10 Sennett, Richard: Der flexible Mensch. Die Kultur des neuen Kapitalismus, Berlin 2005
11 Steinert. Heinz: Neue Flexibilität, neue Normierungen. Der zuverlässige Mensch der Wissensgesellschaft, Wiener Vorlesungen 6. Mai 2004, Wien 2005, S. 12
12 Steinert, Heinz (Wien 2005)
13 Meister, Keanne C. und Karie Willyerd: The 2020 Workplace – How Innovative Companies Attract, Develop and Keep Tomorrow's Employees Today, in: Harvard Business Manager, Juli 2010 – Mentoring für Millennials, S. 39–43

Fiktive Gespräche 2015 von Hans U. Brauner und Kurt Heinrich

»Splitterbürger«:
Alte und neue bürgerliche Ordnungen

Zwischen spätbürgerlichen Normen, Delegitimation von Bürgern und neuen partizipativen, digitalen, granulierten und hybriden Bürgerlichen: Evolution zu »Splitterbürgern«?

Die Fortsetzung der Gespräche über die »Ent-Bürgerlichung«, wie Kurt Heinrich die Erosion des Bürgertums bezeichnet hatte, konnten schriftlich – aus gesundheitlichen Gründen – nicht mehr autorisiert werden. Mit Kurt Heinrich sind Fragen eines paradigmatischen Entweder-Oder über ein Abwürgen oder einer wiederbelebenden Kontinuität der Bürgergesellschaft angesprochen worden, zum Beispiel die Gedanken des Bundesverfassungsrichters a. D. Professor Paul Kirchhoff (»Das Gesetz der Hydra. Gebt den Bürgern ihren Staat zurück«, München 2006), und den Aufruf des Philosophieprofessors Peter Sloterdijk (»Du musst dein Leben ändern«, Frankfurt am Main 2009) oder des Politikwissenschaftlers Herfried Münkler (»Mitte und Maß. Der Kampf um die richtige Ordnung«, Berlin 2010).

Die zusammenfassende Reflexion von Kurt Heinrich war: »Ich kann auf diese sehr komplexen soziologischen Fragen leider nicht positiv antworten. Insgesamt ist meine Beurteilung auf Ihre Fragen, Herr Brauner, relativ pessimistisch ausgefallen, wenn man unsere Zeitumstände betrachtet, kann man aber meiner Meinung nach nicht anders reagieren.«

Mit Respekt vor seiner humanen wissenschaftlichen und therapeutischen Lebensleistung als Universitätsprofessor für Psychiatrie in Düsseldorf halte ich den Inhalt unserer Gespräche postum fest und ergänze sie durch aktuelle Kommentare zur gesellschaftlichen Entwicklung einer Haltung der Bürger[1] zwischen konservativer Normierung und liberaler Flexibilisierung, sozio-philosophisch gesehen zwischen Individuen (Personen) und Kollektiv zwischen Nähe und Distanz. Im Vertrauen, dass er meinem Epilog zugestimmt hätte, versuche ich, an fünf Beispielen differenzierte Hinweise zum Verhältnis von Vertrauen zur Zeit im Bürgertum nachzutragen mit der Absicht, die Gedanken von Kurt Heinrich zu einer fest gefügten, von »Rational Choice«-Theorien geprägten Ordnung, aber auch einer gegenläufigen Tendenz mit chaostheoretischen Merkmalen einer Unordnung einfließen zu lassen. Dabei wähle ich einen zweifachen Rahmen: erstens die begrenzende soziologisch-psychologische Deutung des Begriffs »Vertrauen« des Soziologieprofessors Niklas Luhmann (1927–1998) und zweitens die eingrenzende Sichtweise des Berliner Politologen Herfried Münkler (geb. 1951), auf die rationale Deutung von »richtiger Ordnung«.

Ich beginne mit dem ersten Rahmenmerkmal. »Wer Vertrauen erweist, nimmt Zukunft vorweg. Er handelt so, als ob er der Zukunft sicher wäre.« Mit diesen Worten erläutert Niklas Luhmann seine Deutung von Vertrauen, als einem »Mechanismus der Reduktion sozialer Komplexität«[2]. Diese Interpretation, Vertrauen zum Vereinfachen von Komplexität einzusetzen, entsprach auch der Denkungsart von Kurt Heinrich. Wir zitieren deshalb die zwei Identifikationen der Zeit, wie sie Luhmann sieht:

---

[1] Dazu der britische Soziologe Colin Crouch: Am Scheideweg Europas. Wirtschaftsliberale müssen entscheiden, wem sie sich anschließen wollen, in: Handelsblatt vom 17./18. Juli 2015, S. 64
[2] Luhmann, Niklas: Vertrauen. Ein Mechanismus der Reduktion sozialer Komplexität, Stuttgart 2009, S. 9

»*Entweder* kann nämlich etwas als *Ereignis* identifiziert werden, das an einem Zeitpunkt feststeht, unabhängig vom je gegenwärtigen Erleben, das auf der Skala der Zeitpunkte voranschreitet, unaufhörlich Zeitpunkt für Zeitpunkt aus der Zukunft in die Vergangenheit überführend. Das Ereignis hat seine zeitpunktbezogene Identität also unabhängig von der Qualifikation als künftig, gegenwärtig oder vergangen, und der Sinn seiner Identität ist gerade diese Invarianz gegenüber dem Wechsel der Zeitqualitäten. Es bedarf aber dieses Wechsels, um in der Gegenwart Wirklichkeit werden, um sich ereignen zu können.

Oder etwas kann als *Bestand* identifiziert werden, der unabhängig vom Wechsel der Zeitpunkte dauert. Solche Dauer hat lediglich die je kontinuierlich aktuelle Gegenwart, während alles Zukünftige kommt, alles Vergangene wegfließt. Bestände können also nur als gegenwärtig identifiziert werden. In der Zukunft oder der Vergangenheit lassen sie sich allenfalls als Ereignisserien fassen und in der abgewandelten Form von kontinuierlich gegenwärtigen Erwartungen oder Erinnerungen zu Beständen machen«.[3]

Wir versuchen nun, unsere ersten drei Beispiele als Ereignisse beziehungsweise als Bestände zu interpretieren. Wir beginnen mit Niklas Luhmann: »Das Problem des Vertrauens besteht darin, dass die Zukunft sehr viel mehr Möglichkeiten enthält, als in der Gegenwart aktualisiert und damit in die Vergangenheit überführt werden können. Die Ungewissheit darüber, was geschehen wird, ist nur ein Folgeproblem der sehr viel elementareren Tatsache, dass nicht alle Zukunft Gegenwart und damit Vergangenheit werden kann«.

---

[3] Diese notwendige Gegenwärtigkeit aller Bestände ist in der heutigen objektivistischen Wissenschaftseinstellung nicht angemessen zu begreifen. Es ist denn auch kein Zufall, dass Denker von einiger Konsequenz sich Bestände überhaupt nur als Summe gleicher Ereignisse vorstellen können. Das besagt zum Beispiel der Begriff »event-structure«. Siehe seine Verwendung bei John Dezvey 1926, S. 72; bei Floyd Henry Allport 1955, S. 614ff.; oder bei Siegfried Ferdinand Nadel 1957, S. 127ff. Für die Theorie des Vertrauens ist dagegen die unumgängliche Gegenwartsbezogenheit aller Bestandssicherheit eine wesentliche Einsicht, ohne welche das Zeitproblem des Vertrauens nicht begriffen werden kann.

In der politischen und wirtschaftlichen Führungspraxis gehört es zu den Erfahrungen, mit Ereignis und Bestand von Vertrauen möglichst erfolgreich umzugehen: Bestände sichern und in gegenwärtigen und zukünftigen Beständen identisch bleiben (zum Beispiel Ertrag und Liquidität), Ereignisse in gegenwärtigen und zukünftigen Zeitpunkten überwinden (zum Beispiel Vertrauensbrüche, Regelbrüche). Von Charles-Maurice de Talleyrand (1754–1838), dem einflussreichen und auch berüchtigten französischen Diplomaten, ist eine These überliefert, die zum negativen Erfahrungsschatz der gesellschaftlichen Leadership-Gesellschaft gehört: »Loyalität ist eine Frage des Zeitpunktes.« Wir benutzen dies als erstes Beispiel für die Vertrauenserosion der Bürgergesellschaft.

»Vertrauen ist eine Frage des Zeitpunktes«

Im Sinne von Niklas Luhmann könnte man Vertrauen zunächst als »Ereignis identifizieren, das an einem Zeitpunkt feststeht. (...) Dieses Ereignis hat seine zeitpunktbezogene Identität also unabhängig von der Qualifikation als künftig, gegenwärtig oder vergangen.« Man bräuchte also nicht durch das zwischenzeitlich erlebte Misstrauen – bis zum Vertrauensbruch – enttäuscht sein. Allerdings bedürfte es, um Luhmann zu folgen, des »Wechsels der Zeitqualitäten, (...) um in der Gegenwart Wirklichkeit werden, um sich ereignen zu können.« Als konservativ denkender Mensch neigt man eher dazu, Vertrauen (als einen Mechanismus zur Reduktion von Komplexität) als Bestand zu verstehen, um »Erwartungen oder Erinnerungen zu Beständen zu machen«, wie es Luhmann in seiner Entweder-oder-Betrachtung interpretiert. Das liegt möglicherweise daran, dass man die Bestandssicherung von Vertrauen nicht nur soziologisch mechanisch, sondern vor allem ethisch bevorzugt, wie es Kurt Heinrich gesehen hat.

Wir lesen zweitens in der »Neue Zürcher Zeitung« vom 11./12. Juli 2015:

»Moskau würgt die Bürgergesellschaft ab«[4]

Wir zitieren: »Wladimir Putin lässt sich nicht gerne kritisieren. Schon gar nicht von Organisationen, die aus dem Ausland alimentiert werden. Deshalb sollen nun zwölf Organisationen wegen angeblich staatsgefährdenden Tätigkeiten verboten werden. Das repressive Gesetz richtet sich (...) gegen sieben amerikanische Institutionen. (...) Auf der Liste stehen aber auch drei ukrainische Organisationen, die sich in Russland und auf der Krim für die Einhaltung der Menschenrechte starkmachen.« Daniel Wechlin vermutet hinter dieser repressiven gesellschaftlichen Entwicklung »die mittlerweile schon fast paranoide Angst vor einem Macht- und Kontrollverlust, vermischt mit der Meinung, dass in Russland ein Umsturz (...) geplant werden könnte. Dass zivilgesellschaftliche Tätigkeiten auch aus dem Inneren, aus der Tätigkeit der eigenen Bevölkerung, kommen können und ihren Unmut über soziale, politische und wirtschaftliche Missstände haben können, geht im gegenwärtigen, von Nationalismus, allerlei Feindbildern und isolationistischem Gezeter geprägten Klima unter. Mittel- und langfristig schadet sich Russland damit nur selbst.« Soweit ein schweizerischer Russland-Experte, dessen Kommentar nachvollziehbar ist.

Diese instrumentelle Ergebnisbeherrschung durch das repressive Verhalten der russischen Regierung gegenüber der russischen Bürgergesellschaft lässt vielleicht folgende Auslegung vermuten: Die Reduktion von Vertrauen zugunsten von Misstrauen führt wahrscheinlich nicht zu der gewünschten vereinfachten Ordnung, sondern die Komplexität und die damit verbundenen Unsicherheiten nehmen stattdessen zu. Die erwartete Bestandssicherung nimmt nicht zu, sondern ab. Mit Geld, Macht und sparsamer Wahrheit könnte man die Zeitpunkte der Ereignisse vertagen. Der Kauf von Zeit kann jedoch dazu führen, »mit einer Zukunft von hoher, unbestimmter Ereigniskomplexität zu leben«.[5] In autoritären Gesellschaften ist allerdings diese Kraft zur Ereignisbeherrschung relativ größer einzuschätzen als in demokratischen Bürgergesellschaften.

---

[4] Wechling, Daniel: Unerwünscht in Russland, in: Neue Züricher Zeitung vom 15. August 2015, S. 1 und S. 3
[5] Niklas Luhmann (2009), S. 19

Setzen wir beim zweiten Beispiel die Rahmenbedingungen von Mitte und Maß nach Herfried Münkler ein: »Die Mitte gilt als ein Ort der Sicherheit und der Beständigkeit. Während links und rechts Gefahren drohen (...), verspricht die Mitte Ausgleich, Wohlstand, Frieden. Die von außen andringenden Gefahren betreffen zunächst einmal andere, und man kann von hier aus Bündnisse mit allen Seiten schließen. Außerdem bekommt man bei einem unvorhergesehenen Richtungswechsel leicht die Kurve, um sich danach erneut mittig zu positionieren.«[6] Münkler hat seine Gedanken zu Mitte und Maß später in »Macht in der Mitte« weiterentwickelt und spricht 2015 von »Deutschland in Europa: Von der Mitte zum Rand und wieder in die Mitte zurück«[7]. Damit spricht er auch den Wert und die Notwendigkeit von Grenzen an, die im Gedankengut von Kurt Heinrich stets eine wichtige Rolle gespielt haben.

Es könnte zum Beispiel sein, dass die russische Bürgergesellschaft in der aktuellen Deutungshoheit der russischen Regierung sich zwar als »unten« empfindet – keinesfalls als »oben« –, allerdings in der »richtigen Ordnung« einer »gelenkten Demokratie« (Bundeskanzler i. R. Gerhard Schröder) mit den Maßstäben einer medial geprägten Vorstellung von sicherer Mitte. Der Professor für Psychotherapie und klinische Psychologie, Jürgen Kriz, der in Wien studiert hat, kennt die flexible slawische Mentalität, wenn er in einer Wiener Vorlesung (11. Juni 2003) gesagt hat: »Alles Leben ist Ordnung. Es kommt nur auf die Perspektive an, was wir als Ordnung empfinden und was nicht. Selbst im Chaos ist Ordnung.«[8] Diese einfühlsame Deutungsart, auf unser Rahmenmerkmal »Mitte und Maß« von Herfried Münkler angewandt, hätte wohl die Zustimmung von Kurt Heinrich gefunden.

Das dritte Beispiel unseres Epilogs verdanken wir dem Mitherausgeber

---

[6] Herfried Münkler (2010), S. 7
[7] Münkler, Herfried: Macht in der Mitte. Die neue Aufgabe Deutschlands in Europa«, Hamburg 2015, S. 110ff.
[8] Kriz, Jürgen: Lebenswelten im Umbruch – zwischen Chaos und Ordnung, Wien 2003, S. 16

der »Frankfurter Allgemeinen Zeitung« (FAZ) Frank Schirrmacher (1959–2014)

Technologischer Totalitarismus – Google I

Es ist das Verdienst von Frank Schirrmacher, der im Feuilleton der »FAZ« 27 elitären Autorinnen und Autoren 2014 ein Podium gegeben hat, »über die digitale Revolution zu debattieren und für Freiheit und Autonomie zu kämpfen, um sich einer Programmierung der Gesellschaft und des Denkens zu widersetzen«.[9] Martin Schulz (SPD) Präsident des Europäischen Parlaments, hat wohl den gedanklichen Anstoß (»Warum wir jetzt kämpfen müssen«, »FAZ« vom 6. Februar 2014) zur parteiübergreifenden These des »Technologischen Totalitarismus« gegeben. Er wurde sekundiert von Gerhart Baum (FDP), ehemaliger Bundesinnenminister (»Auf dem Weg zum Weltüberwachungsmarkt«, »FAZ« vom 20. Februar 2014).

Mathias Döpfner, Vorstandsvorsitzender der Axel Springer SE (Societas Europaea), ist durch seinen offenen Brief (»FAZ« vom 16. April 2014) zum Stimmführer der europäischen Verlage gegen Google (Eric Schmidt ist Vorsitzender des Verwaltungsrates von Google Inc.) geworden: »Wir haben Angst vor Google. Ich muss das einmal so klar und ehrlich sagen, denn es traut sich kaum einer meiner Kollegen, dies öffentlich zu tun.« Und Gabor Steingart, Vorsitzender der Geschäftsführung der Verlagsgruppe Handelsblatt und Herausgeber des »Handelsblatts« verteidigt die »Angstbeichte« von Mathias Döpfner auch »im Namen der anonymen Ängstlichen, von denen es mehr gibt, als man gemein annimmt«. Das Suchbegriffspaar »Google & Angst« ergibt 20 Millionen Treffer in deutscher Sprache; das Zehnfache der Paarung »Putin & Angst«: Auch Robert A. Maier hat »Angst vor Google«.[10] Er hat zwar »Respekt vor Google (…) und deren Einstel-

---

[9] Schirrmacher, Frank: Technologischer Totalitarismus. Eine Debatte, Berlin 2015
[10] FAZ vom 3. April 2014

lung, das Unmögliche zu denken und erreichen ..., aber aus Respekt wird langsam Furcht.« Google hingegen sieht sein Wirken positiv, wie man Googles Firmengrundsätzen entnehmen kann: »Der Nutzen steht an erster Stelle, alles Weitere folgt von selbst« und »Geld verdienen, ohne jemandem damit zu schaden.« Eric Schmidt, der Chairman von Google, interpretiert die »Chancen des Wachstums«[11] wie folgt: »Wir sind überzeugt, dass Portale wie Google, Facebook, Amazon und Apple weitaus mächtiger sind, als die meisten Menschen ahnen. Ihre Macht beruht auf der Fähigkeit, exponentiell zu wachsen. Mit Ausnahme von biologischen Viren gibt es nichts, was sich mit derartiger Geschwindigkeit, Effizienz und Aggressivität ausbreitet wie diese Technologieplattformen, und dies verleiht auch ihren Machern, Eigentümern und Nutzern neue Macht.« Und weiter Eric Schmidt – machtbewusst und Angst verbreitend –: »Wir wissen, wo Sie sind. Wir wissen, wo Sie waren. Wir können mehr oder weniger wissen, was Sie gerade denken.« In der »Welt am Sonntag« vom 21. Juni 2015 wird in diesem Kontext die Frage zum »Freund« und »Menschenversteher« Computer gestellt:

»Ist das großartig – oder eine Horrorvision?«[12]

Wie kann man die zitierten gegensätzlichen Perspektiven der Freunde und Feinde des informationstechnischen gesellschaftlichen Totalitarismus durch den gewählten Rahmen des Vertrauens nach den Merkmalen, Ereignissen und Beständen einordnen? Die zitierten Meinungen der wahrhaftigen Feinde der Großmacht Google zeigen Respekt und Angst zunächst als wiederholte Ereignisse. Auch die über Jahre hinweg im Clinch liegende Google Inc. und Axel Springer AG haben eine mehrjährige Partnerschaft[13] als »Geschäftsfreunde« geschlossen. Es ist anzunehmen, dass dies nach der amerikanischen Pragmatik passiert ist: If you cannot beat them, join them. Diese Entwicklung scheint zunächst Bestandssicherung zu signalisieren. Es hat aber auch den Anschein, dass sich die geschilderte Angst zu einem wachsenden Misstrauen ent-

---

[11] FAZ vom 10. April 2014
[12] Kaiser, Tina/Thomas Jüngling/Benedict Fuest und Thomas Heuzeroth: Die Menschenversteher, in: Welt am Sonntag vom 21. Juni 2015, S. 15–19
[13] Schmidt, Eric: Die Chancen des Wachstums, FAZ vom 10. April 2014

wickelt, welches ebenfalls Bestandscharakter ausstrahlt, jedoch Unsicherheit der unterdrückten Marktteilnehmer verrät. Ob der Kampf der ohnmächtiger werdenden mehreren »Davide« gegen den allmächtigen totalitären »Goliath«-Google von den Kartell-Institutionen – hier an erster Stelle die EU – in fairer Gerechtigkeit beeinflusst werden wird, muss mit Vertrauen abgewartet werden. Hier wird wohl – wie in vielen ähnlichen Fällen – das Gravitationsgesetz der Wirtschaft gültig werden. Die Harvard-Professorin Shoshana Zuboff[14], die Newton im Zusammenhang mit der digitalen Revolution zitiert und den menschlichen Faktor zum Verständnis der digitalen Welt heranzieht und nicht mit dem mechanistischen Ingenieurverhalten von Silicon Valley argumentiert (»Apfel fällt vom Baum: Aerodynamische Eigenschaft erkennen, Algorithmus entwickeln, der die Bewegung simuliert oder die günstige Flugbahn berechnet.«), sondern schildert, dass Newton etwas anderes gesehen hatte: »eine unsichtbare Kraft, die den Apfel anzog«, die Gravitation. Und so folgert Shoshana Zuboff: »Unsichtbare Kräfte wirken auch auf digitale Technologie ein.« Das wäre wohl nicht als Ereignis zu bewerten, sondern als eine neue These für eine zeitliche, noch unsichtbare Kraft eines Bestandes an Vertrauen. Diese Deutung passt zu Kurt Heinrich.

Alphabet Inc. – Google II – Solidaritätsprinzip

Nach den zitierten Ängsten gegenüber Google I (Stand 2014) hat sich der US-Internetriese inzwischen für eine neue organisatorische Architektur entschieden, die noch größere Ängste hervorrufen und hoffentlich nicht die Grenzen von Panik erreichen wird. Mit der neuen Dachgesellschaft Alphabet Inc., unter der Führung der Google-Mitbegründer Larry Page und Sergey Brin, wird ab Oktober 2015 der Konzern neu strukturiert, mit dem Ziel, neue Geschäftsmodelle (wie selbstfahrende Autos, Drohnen, Haus-Netzwerke und so weiter) ebenso erfolgreich zu entwickeln wie die bisherigen alten erfolgreichen Geschäftsfelder

---

[14] Zuboff, Shoshana: Der menschliche Faktor. In: Technologischer Totalitarismus, Berlin 2015, S. 262

(Suchmaschinen, Online-Werbung und so weiter). Es hat den Anschein, dass diese neue Konzernarchitektur, die man Google II nennen kann, nach dem Vorbild von Warren Buffett (Berkshire Hathaway) gestaltet wird, deutliche Merkmale zeigt. In einem Kommentar von Matthias Heine[15] wird der semantische Zusammenhang von Alphabet Inc. und Allmacht bereits kritisch gedeutet: »Eine Firma Alphabet zu nennen, zeugt – freundlich gesagt – von gesundem Selbstvertrauen, doch könnte man darin ein Indiz für Googles Größenwahn sehen.« Wir haben bisher unter der Überschrift Technologischer Totalitarismus den Wissensstand 2014 geschildert und diesen Google I genannt. Ob »Googles radikale Wandlung«[16], die bisherigen Vermutungen nach »unsichtbaren Kräften« der digitalen Technologien ab 2015 transparenter machen wird, »ist noch offen«, wie Martin Gropp nachvollziehbar bemerkt.

Unternehmerisch betrachtet ist der Umbau von Google nach unseren Merkmalen von Vertrauen (Ereignis und Bestand) zwar eher richtig. Ob die Vorurteile und Ängste aber auch die Wahrnehmung von Vorteilen gegenüber Google II durch eine neue Architektur und neuen Namen für neue Geschäftsmodelle semantisch verändert werden, bleibt fraglich, wenn man bedenkt, dass man zum Beispiel in der Umgangssprache den Firmennamen Google bereits als Verb benutzt (»googeln«) und es schwer fallen wird, die Identität Google nicht nur formal, sondern effektiv zu spalten. Bevor wir versuchen, einen einigermaßen vernünftigen Kommentar zu Google II = Alphabet Inc. im Kontext zu unserem Gedankenaustausch mit Kurt Heinrich über eine Ent-Bürgerlichung abzugeben, seien noch drei Meinungen aus den Printmedien zitiert.

Das »Handelsblatt« vom 12. August 2015 hat Alphabet Inc. zum Titelthema[17] gewählt und nennt fünf Gründe, warum die radikale Veränderung sinnvoll ist:

---

[15] Heine, Matthias: Alphabet und Allmacht, in: Die Welt vom 12. August 2015, S. 21
[16] Gropp, Martin: Googles radikale Wandlung, in: FAZ vom 12. August 2015, S. 22
[17] Karabadz, Ina und Christof Kerkmann: Mehr Raum, mehr Felder, in: Handelsblatt vom 12. August 2015, S. 4–7

1. Mehr Raum für Eigenverantwortung. »Unser Modell besteht darin, einen starken Chef für jedes Geschäft zu haben.« (Larry Page)
2. Mehr Transparenz für die Anleger. Zusammenfassung aller Geschäftsmodelle (»moonshots«) jenseits des Konzerngeschäfts.
3. Mehr Zeit für Wagnisse. Einerseits eine Fokussierung auf das Kerngeschäft (»Geldmaschine«), andererseits die Arbeit an Zukunftsprojekten (»Auf alles« – von A bis Z).
4. Mehr Effizienz bei Übernahmen. Reduktion der Reibungsverluste bei der Integration in den laufenden Betrieb. Leichtere Abspaltung von Geschäften bei Erfolg oder Misserfolg (Motorola).
5. Mehr Platz für Talente. Wichtigstes Talent – Beispiel Sundar Pichai, jetzt CEO des bisherigen Kerngeschäftes Google Inc. (Webanwendungen: Internetsuche, Werbung, Maps, Apps, YouTube, Android, Gmail). Neben Sunder Pichai gewinnen mehr an unternehmerischem Gewicht die Chefs der Unternehmensbereiche Nest: Tony Fadell, Calico: Arthur Levinson, Fiber: Craig Barrett, Sidewalk Labs: Dan Doctoroff, Google Ventures: Bill Maris, Google Capital: David Lawee. Die Holding Alphabet Inc. führen an der Spitze Larry Page/CEO, Sergey Brin/President (in Personalunion Unternehmensbereich Google I mit den Geschäftsmodellen Selbstfahrende Autors, Google Glass, Wing (Drohnen und Kontaktlinsen), Erich Schmidt/Executive Chairman, Ruth Porat/Chief Finance Officer und David C. Drummond/Chief Legal Officer.

Die Chancen und Risiken dieser Konzernarchitektur sind in Unternehmerkreisen und bei Finanzinvestoren bekannte Erfahrungen. Innovativ ist jedoch die Radikalität der Veränderung wohl vor allem für die Leadership-Gremien, deren exzellente Kompetenz bisher in der höchst innovativen Entwicklung der Informationstechnik gelegen hat. Es ist wohl einigermaßen richtig nach dem aktuellen Wissensstand (August/September 2015) mögliche weitere neue gesellschaftliche Entwicklungen durch den Technologischen Totalitarismus zu vermuten, mit denen Kurt Heinrich allerdings als Vertreter spätbürgerlichen Verhaltens (Subjekt-Code = bürgerliche Tugenden) zwar ahnte, jedoch nicht für sich als weiser 90-Jähriger antizipieren wollte.

Wir reflektieren noch zwei weitere Meinungen aus den Printmedien zu Google II. Ein »Spiegel«-Team stellt zum Titelthema »Wie ich ich bleibe. Mensch sein im Google-Zeitalter« die Frage: »Ist der Mensch zum Ohnmacht verurteilt – oder kann er das Humane neu erfinden?«[18] und will damit eine Schicksalsfrage stellen. »Was früher einmal die Götter erledigen sollten, ihnen aber nicht gelang, besorgen dann Algorithmen und Netzwerke. Sie sehen alles, wissen alles und lenken alles. Und wenn man nur daran glaubt, fügen sie alles zum Guten. Was wird eigentlich, wenn sich alle optimieren können, aus denen, die sich trotzdem nicht verbessern? Verlieren sie den Anspruch auf die Solidarität der Mitmenschen?«[19] Müssen wir dann das Solidaritätsprinzip der katholischen Soziallehre vergessen? Und die »Spiegel«-Autoren argumentieren weiter menschlich: »Es wäre ein Fehler, den Menschen mit seinen Daten zu verwechseln, in ihm bloß ein Konstrukt zu sehen aus Wahrscheinlichkeiten, Erwartungen, Gewohnheiten. Jeder Mensch ist komplexer als alle Daten, die es über ihn gibt. Man nennt das Geheimnis.«[20] Wir erinnern uns an die »unsichtbare Kraft«, die Shoshana Zuboff in diesem Zusammenhang wirken sieht.

Und ein zweiter »Spiegel«-Autor nennt eine weitere gesellschaftspolitische Motivation für die neue Alphabet Inc. von Larry Page & Co.: »Sie wollen mit ihren Produkten in immer mehr Bereiche des menschlichen Lebens eindringen.«[21] Und, was eigentlich überrascht, die Feststellung: »Der Druck, Profite zu generieren, ist bei Google vielleicht sogar größer als in anderen Unternehmen. Google (…) ist im Kern und zu allererst ein Unternehmen von Ingenieuren und nicht von Betriebswirten. (…) Dieses Primat der Ingenieure (…) bestimmt die (…) Dynamik des Konzerns, seine Organisation und die Art wie geführt wird. Die geschäftlichen Aspekte drohen jedoch manchmal unterzugehen (…).«[22]

---

[18] Markus Brauck, Alexander Jung, Ann-Kathrin Nezik, Thomas Schulz: Von A bis Z, in: Spiegel vom 14. August 2015, S. 8–17
[19] Spiegel vom 14. August 2015, S. 16
[20] Ebd., S. 17
[21] Schulz, Thomas: Wetten auf die Zukunft, in: Spiegel vom 14. August 2015, S. 18
[22] Ebd., S. 19

Wir schließen die ersten Meinungen zur gesellschaftlichen Entwicklung des Digitalen Kapitalismus in Richtung Technologischer Totalitarismus, der These von Frank Schirrmacher, mit einer relativ glaubwürdigen gesellschaftlich-ökonomischen Perspektive von Miriam Meckel[23], Chefredakteurin der »Wirtschaftswoche«, die sie auch im Presse-Club des ARD am 16. August 2015 vertreten hat:

- »Der Wandel von Google zu Alphabet Inc. ist das erste Beispiel für die nächste Megatransformation im digitalen Kapitalismus.
- Der Schritt von Google zu Alphabet hat eine neue Qualität. Mit ihm liegt das Unternehmen die Blaupause für strategische Erneuerung im digitalen Kapitalismus vor.
- Die Sorgen um Monopolbildung und Wettbewerb, um Datenschutz und Marktzugänge im Internet erhalten nun neuen Auftrieb. Berechtigte Sorgen, die nicht den Blick verstellen sollten auf die entscheidende Botschaft für Unternehmen: Im digitalen Kapitalismus beginnt die Zukunft vor Ende der Gegenwart. Wer diese Regel nicht buchstabieren kann, hat keine Chance.«

Mit den letzten zwei Beispielen soll aus meiner subjektiven Perspektive über Vertrauen und richtige Ordnung der Mitte (mit meinen Erfahrungen als ehemaliges Mitglied eines unternehmerischen Führungskreises) zu zwei veröffentlichten Konzepten Stellung genommen werden, die aus der Gedankenwelt von »unsichtbaren Kräften« in Wirtschaft und Politik stammen, zum Beispiel von der berühmten »unsichtbaren Hand« des Marktes von Adam Smith, dessen These inzwischen obsolet zu werden scheint. Zwei Wissenschaftler haben sich aktuell mit quasi »unsichtbaren« Dynamiken des Kapitalismus beschäftigt: Thomas Piketty, französischer Professor an der Paris School of Economics, mit seinem inzwischen weltweit bekannt gewordenen Buch »Das Kapital im 21. Jahrhundert« (4. Auflage München 2014), mit dessen Weltformel $r > g$, also: durchschnittliche Kapitalrendite r (= return on

---

[23] Meckel, Miriam: Digitale Blaupause, in: Wirtschaftswoche, Nr. 34, vom 14. August 2015, S. 3

investment)>Wachstumsrate der Wirtschaft g (= growth) er großen Beifall erzielt hat: »Dieses Buch wird die Ökonomie verändern und mit ihr die ganze Welt« – Paul Krugman, Nobelpreisträger, in: The New York Review of Books – 2014: »Thomas Piketty ist der Ökonom der Stunde«. Stephan Wehrhahn, Bundesvorstand der Mittelstands- und Wirtschaftsvereinigung der CDU/CSU spricht von der »besten Auseinandersetzung mit Thomas Pikettys Kapital«, die Ulrich Horstmann mit seinem kritischen Kommentar in »Alles, was Sie über Das Kapital im 21. Jahrhundert von Thomas Piketty wissen müssen« (München 2014) weitgehend bestätigt. Die »FAZ« kommentierte Thomas Piketty ironisch als »sozialdemokratisch-popperianische Anthropologie des Kapitals«.[24] Wir belassen es mit diesen Hinweisen, wobei ich die Kritik von Ulrich Hartmann als Betriebswirt gut nachvollziehen kann. Ich bevorzuge deshalb als viertes Beispiel die These von der

Investiven Gesellschaft

aus der politischen Perspektive des **Solidaritätsprinzips** im Sinne des zweiten angekündigten Wissenschaftlers Paul Nolte[25], Professor für Neuere Geschichte an der Freien Universität Berlin, ausführlicher vorzustellen. Während der Bestsellerautor Thomas Piketty relativ einfach politisch links von der Mitte zu verorten ist, schlägt Paul Nolte möglicherweise diplomatisch sein Pendel bevorzugt in Richtung Mitte, was seine Ansichten relativ sachlich-neutral erscheinen lässt. Ich schätze, dass Kurt Heinrich bei Thomas Piketty und auch bei Paul Nolte nur wenige Anregungen für eine konservative Normierung oder gar eine liberale Flexibilisierung gefunden hätte, nach denen wir beide in unseren Gesprächen gesucht hatten.

Nun dennoch zur These von der »Investiven Gesellschaft«, die Paul

---

[24] Zitiert nach: Thomas Piketty, in: https://de.wikipedia.org/wiki/Thomas_Piketty [zuletzt geöffnet am 27. November 2015]
[25] Nolte, Paul: Riskante Moderne. Die Deutschen und der Neue Kapitalismus, München 2006, ders.: Generation Reform (2005) und Die Ordnung der deutschen Gesellschaft (2000)

Nolte in seinem letzten Buchkapitel »Jenseits des Konsums. Umrisse einer investiven Gesellschaft«[26] wie folgt erläutert: »Schlechte Zeiten für die Bürgergesellschaft? Der Traum von der Wohlstandsgesellschaft ist ausgeträumt: Das Leben im 21. Jahrhundert wird für die Deutschen nicht immer bequemer, lässiger, freier, sondern anstrengender und riskanter: Weg von der demographischen Krise zur Massenarbeitslosigkeit, von der Bildungsmisere bis zur ängstlichen Scheu vor Innovation.« Zu analysieren sind nach seiner Meinung »die Wege und Irrwege einer verunsicherten Gesellschaft, die ... ihr Handeln einer veränderten Realität anpassen muss. Zu warnen ist vor dem Ausstieg aus der Erwerbsarbeit, der Verweigerung des Kapitalismus. Wir haben nur dann eine Chance auf eine nachhaltige Zukunft, wenn wir die riskante Moderne annehmen – auch in der eigenen, ganz persönlichen Lebensführung.«

Im Einzelnen führt Paul Nolte dazu aus: Die »Krise des Wohlfahrtsstaates« und »Daseinsvorsorgestaates« mit seinen Versprechen, die »nur noch durch eine ständig wachsende Neuverschuldung eingehalten werden«, galten lange Zeit als »vorrangiges Bindemittel der Demokratie, als Loyalitätsgrund der Bürger. Leider hat »der herkömmliche Wohlfahrtsstaat Berechtigung geschaffen, dafür aber die Bürger aus der Verpflichtung entlassen.« Und Paul Nolte argumentiert weiter: »Bürger sein heißt, Verantwortung zu übernehmen (...) für die eigene Lebensführung. Diese auch ökonomische Selbstverantwortung bemisst sich aber nicht primär an der individuellen Gewinnmaximierung, sondern an den Prinzipien einer solidarischen Gesellschaft. Wie kann ich durch meine Anstrengung auch einen Nutzen für andere bewirken? In diesem Sinne lässt sich die neue Bürgergesellschaft als eine »Investive Gesellschaft« beschreiben, weil sie vom Leitbild der Anspruchsberechtigung abrückt und ein Leitbild der Solidaritätsverpflichtung, der Investition von Ressourcen und der Selbstverantwortung dagegen setzt. Investieren, das bedeutet (...) auch die Erwartung eines *return on investment*, (...) am Ende mehr zurückzugewinnen, als man ursprünglich gegeben hat. Investition als Leitbild der Bürgergesellschaft verweist

---

[26] Paul Nolte (2006), S. 291–306

also zugleich auf eine zeitliche Achse, auf die Überschreitung der Gegenwart und den Entwurf einer Zukunft. Früher sagte man häufig, »meine Kinder sollen es einmal besser haben« und meinte damit – in bürgerschaftlicher Währung ausgedrückt: Die Investive Gesellschaft ist keine Gesellschaft des Glücklich-sein-im-Hier-und-Jetzt, sondern eine Gesellschaft des größeren Glücks von morgen. Sie muss sich an dem Kriterium messen lassen, in der Bilanz mehr Ressourcen neu zu generieren statt zu verbrauchen. Auch in diesem Sinne ist die gewachsene öffentliche Verschuldung mit ihren Lasten für die kommenden Generationen ein zutiefst unbürgerliches Projekt. Investieren bedeutet ja, eine Vorleistung zu erbringen; nicht, eine Vorleistung zu erhalten.«[27]

Es fällt relativ leicht, der geschilderten Ressourcenmobilisierung von Paul Nolte zuzustimmen, zumal sie im Gegensatz zur »schwindenden Legitimität des Steuerstaates« steht, der seine finanziellen Probleme im »Übergang von Steuer- zu Gebührensystemen« zu lösen sucht, zum Beispiel Straßenmaut, Bildungsgebühren; im übertragenen weiteren Sinn die Solidaritätsabgaben (nach der Wiedervereinigung 1989 und aktuell ab 2016 vielleicht für den angedachten griechischen *hair-cut*). Es fällt jedoch vielen Bürgern offensichtlich schwer, das einfache Prinzip des finanziellen Gleichgewichts von Ausgaben und Einnahmen in ihrer privaten Haushaltsführung zu beachten. Sicherung der Liquidität geht eigentlich stets vor Ertrag. Auch in der staatlichen Haushaltsführung wird die Reduktion einer Neuverschuldung den Wählern als Sparen verkauft, wobei die Ausgaben leider relativ fest als Summe geplant werden. Wir können unserem Bundesfinanzminister Wolfgang Schäuble dankbar sein, wenn er – wie im Fall Griechenland –, auch auf das Sparen von Ausgaben zur Schuldenreduzierung besteht. Das entspricht wohl seinen württembergischen Verhaltensnormen, die ich in landsmannschaftlicher Verbundenheit schätze.

Das Vertrauen der Bürger in den Staat schwindet, wenn die abstrakten Steuerzahlungen und deren individueller Nutzen nicht kontrolliert werden können.

---

[27] Paul Nolte (2006), S. 299

So wurde der Solidaritätsbeitrag für den Wiederaufbau Ostdeutschlands seit 1990 als zeitlich limitiertes Ereignis angekündigt. Jetzt ist er Bestand des Staatshaushaltes geworden. Sollte man diese Art der Bestandssicherung mit Vertrauen oder mit Misstrauen in die These einer »Investiven Gesellschaft« einordnen?

Neben dem Niklas Luhmann'schen Prinzip des Vertrauens, das wir in unserem Epilog anwenden, soll auch der Rahmen von Herfried Münkler von Mitte und Maß zu beachten sein. Passt das Idealbild einer Investiven Gesellschaft zu den Koordinaten von Münkler? Am ehesten ist wohl die Deutung von Maß unterzubringen, das er wie folgt definiert: »Mit Maß ist freilich kein beliebiger Maßstab gemeint, sondern das »rechte Maß«, das selbst eine Mitte zwischen dem Zuviel und dem Zuwenig ist. Das Maß ist eine Verstärkung der Mitte, so wie die Mitte als der Ort gilt, an dem das rechte Maß am leichtesten und sichersten gefunden werden kann. Doch der Auffassung, die soziopolitische Mitte sei der berufene Hüter und Wahrer des Maßes, der die Extreme im Zaum hält und Exzesse verhindert, steht die Überzeugung entgegen, eine Mitte, die ihr eigenes Maß zum Maßstab für alle macht, droht das Außergewöhnliche und Herausragende zu verhindern und alles auf Mittelmaß zu reduzieren.«[28] Und Münkler resümiert – politisch klug –: »In der Debatte um den drohenden Verlust der Mitte (…) wird und muss die Mitte neu vermessen werden.«[29] Im Sinne eines neuen Vermessens hat er die Mitte »in ihrem Verhältnis zu Maß, Macht und Raum« erkundet.

Beginnen wir mit der Perspektive von Macht in einer Investiven Gesellschaft. Paul Nolte sagte hierzu: »(…) eine Konstante in der sozialen Basis der Bürgergesellschaft wird wohl erhalten bleiben (…), Bürgerliche Gesellschaft ist im Kern ein Projekt von Mittelklassen, von mittleren Schichten der sozialen Hierarchien gewesen (…) im Sinne einer offenen Mitte als Kristallisierungskern. (…) Es sind nicht die Armen und auch nicht die Superreichen, die sich zuerst und beständig engagieren. Wer

---

[28] Herfried Münkler (2010), S. 15
[29] Ebd., S. 16

die deutsche Debatte von außen betrachtet, mag inzwischen den Eindruck gewinnen, als bestehe unsere Gesellschaft nur noch aus Hartz IV-Empfängern und Millionenzockern. Aus diesem ... Abseits müssen die Mittelschichten heraustreten und ihre moralische, aber auch materielle Verantwortung selbstbewusst wahrnehmen.«[30]

Diesem hoffnungsvollen Plädoyer begegnet Heribert Münkler mit gewissen Zweifeln, die ich für berechtigt halte, wenn er sagt: »(...) da es sich nicht mehr von selbst versteht, dass die Stärkung von Mittelstand und Mittelschicht der gesellschaftlichen und politischen Mitte Stabilität verleiht (...).«[31] Hier ist deshalb die Stelle, auf die Deutungsmacht der politischen Parteien hinzuweisen. CDU/CSU nehmen traditionell in Anspruch, die Mitte zu vertreten, obwohl kritische Meinungen sie bereits als Mitte-Links einstufen. Die SPD, traditionell mit einer sozialistischen linken Identität, versteht sich zunehmend als Partei der Mitte. Ende der 90er-Jahre war die Gesellschaft der »alten Mitte« mit Helmut Kohl überdrüssig und wählt die »neue Mitte« mit Gerhard Schröder. Die Grünen, die sich bisher als Opposition links von der Mitte gesehen haben, beginnen im Hinblick auf eine eventuelle Koalition Schwarz-Grün ab 2017, sich ebenfalls mittig zu deuten. Die FDP reklamiert sich immer wieder als die eigentliche Sachverwalterin der Mittelschicht und sucht Koalitionen mit Schwarz und auch Rot. Wenn man sich etwas intensiver mit Machttheorien beschäftigt, stößt man immer wieder auf die Verbindung von Mitte und Macht und deren Paradoxien. Dazu nochmals der Mittesucher Münkler: »(...) die Mitte ist umso selbstgewisser und sicherer, je mehr sie von einander entgegenwirkender Kräfte flankiert wird, und dass ihre Kraft schmilzt wie Schnee in der Sonne, sobald sie die alleinige Deutungshoheit in der Gesellschaft erlangt hat. Ist die Mitte erst an der Macht, verfällt sie in Ohnmacht.«[32]

---

[30] Paul Nolte (2006), S. 306
[31] Herfried Münkler (2010), S. 15
[32] Ebd., S. 22; dazu S. 75–128

Zum Verhältnis Mitte und Macht möchte ich noch folgenden kritischen Hinweis zur Investiven Gesellschaft – auch im Hinblick auf die Gedankenwelt von Kurt Heinrich – geben. Es ist sicherlich richtig gedacht, den unteren und mittleren bürgerlichen Mittelstand als effektive Ressourcenquellen zeitlicher und auch finanzieller Art vorzuschlagen. Es drängt sich beim Lesen seines Buches jedoch der Eindruck auf, dass Paul Nolte vielleicht unbewusst an den oberen Mittelstand und die Oberschicht (»Peer Society«) gedacht hat, der gewohnt und fähig ist, als Sponsor und Spender für soziale Investitionen aufzutreten und auch zeitlichen Einsatz – direkt über die Familie (speziell der Ehefrau) oder indirekt über die höhere Steuerlast (dadurch Finanzierung von Sozialarbeit) beziehungsweise ehrenamtliche Tätigkeiten mit beträchtlichem Zeiteinsatz während der aktiven beruflichen Zeit und danach zu leisten. Zu denken ist dabei zum Beispiel an soziale Werke der Johanniter- oder Malteser-Orden, von Rotary und Lions, die bereits die verpflichtend solidarische These einer Investiven Gesellschaft realisieren.

Zum Verhältnis der Mitte zu Maß und Macht zählt Herfried Münkler drittens den Raum. Er bezeichnet den Kampf um die »wahre« Mitte unter sozio- oder geopolitischen Aspekten als das Verhältnis zwischen Mitte und Peripherie. »Mitte heißt immer auch Bedeutungsverdichtung, während Peripherie an einer abnehmenden Dichte der Zeichen und Bedeutungen zu erkennen ist, und das wird uns deutlicher, je weiter man sich von der Mitte entfernt.«[33] Es ist gesellschaftliche Realität geworden, dass sich für das Bürgertum der bisherige langfristige Trend, bevorzugt an der Peripherie im Grünen zu wohnen, deutlich in Richtung Stadt geändert hat. Heribert Münkler analysiert diese Entwicklungen – auch historisch – unter der Überschrift »Die Stadt als Mitte und die Mitte der Stadt.«[34] Das stetige Wachstum der Großstädte und Metropolen durch den Zuzug von neuen Stadtbürgern verursachen steigende Preise im engen Wohnungsmarkt, was diese räumliche Anziehungskraft der Mitte beweist.

---

[33] Herfried Münkler (2010), S. 142
[34] Ebd., S. 154–174

Geopolitisch sind diese Bindekräfte der Mitte mit den Stichworten »Flügelmächte«, vor welchen Großmächte der Mitte »Einkreisungsängste« haben. Oder wenn aktuell »Mitteleuropa« als attraktive Mitte für Flüchtlingsströme angesehen wird, aber auch als Bedrohung für die peripheren EU-Staaten.

Die weltweite Bedrohung der offenen Gesellschaft hat mit den terroristischen Ereignissen vom 13. November 2015 in Paris (nach dem 11. September 2001 in New York) einen neuen Höhepunkt erreicht. Die Zahl der Angstbürger steigt, die Freiheit der offenen Gesellschaft wird durch ihre Feinde (Karl Popper) aus dem IS-terroristischen Umfeld innen und außen weiter eingeschränkt. Die Grenzen zwischen Freunden und Feinden, zwischen Vertrauten und Fremden werden immer fließender und undefinierbarer. »Rote Linien« werden kommentarlos ohne Konsequenzen überschritten und sind sinnlos geworden. Vereinbarte Solidaritätsverpflichtungen in Europa (zum Beispiel Übernahme von Flüchtlingsquoten) werden nur von kerneuropäischen Staaten eingehalten.

Erfreuliche Symptome von Solidaritätsadressen, zum Beispiel das weltweite Beleuchten von Bauwerken in Städten mit den Farben der Trikolore, das gemeinsame Singen der französischen Nationalhymne anlässlich des Fußballfreundschaftsspiels England – Frankreich am 17. November 2015 in London oder das Spielen der Marseillaise in der New Yorker Metropolitan Opera am 15. November 2015 vor der *Tosca* stimmen uns zwar ermutigend und berühren unsere Herzen. Aber die Frage bleibt: Kann sich die Solidarität der offenen Gesellschaften gegen ihre asymmetrisch kämpfenden Feinde durchsetzen? Ist das Vertrauen als über-geordnetes Prinzip der Solidarität stark genug, um die notwendige Solidarität im Rahmen des sicherheitspolitischen Möglichen zu verteidigen? Halten die meisten europäischen Regierungschefs Hollandes »Kriegsrhetorik« für suspekt oder knüpfen sie ihre Solidarität zu Frankreich an Bedingungen?[35] Wir könnten als ältere Bürger unsere

---

[35] Siehe hierzu Berschens, Ruth/Hanke, Thomas: Der Kriegs-Präsident, in: Handelsblatt vom 18. November 2014, S. L

Erfahrungen in mögliche Antworten einbringen, wollen aber nicht mit politischen »Verschleierungsversuchen«[36] die unangenehmen Realitäten klein reden. Keine realistische Verteidigung sehen wir in einer bürgerlichen Radikalisierung und unterstützen damit die Meinung von Gabor Steingart: »Die Mitte unseres Landes sollte sich nicht radikalisieren.«[37] Auch die Absage des Fußball-Freundschaftsspiels in Hannover am 17. November 2015 (Deutschland – Niederlande) ist richtiges Maß gewesen. Solidarität um jeden Preis ist nicht vernünftig.

Ein kleiner privater Exkurs sei gestattet: Da ich selbst 1946 als Flüchtling im Kindesalter über Österreich in einem Viehwaggon nach Westdeutschland transportiert worden bin und in Salzburg zu entscheiden war, ob unsere Familie ins Allgäu (Peripherie) oder nach Esslingen/Neckar (mittiger Einflussraum Stuttgart) kommen sollte, entschieden sich meine Eltern instinktiv für die »Stadt als Mitte« Esslingen – ohne die wertvollen Erkenntnisse von Herfried Münkler schon zu kennen, der erst fünf Jahre später geboren wurde. Kurt Heinrich, dem ich 65 Jahre danach von diesem Ereignis erzählte, beglückwünschte mich zu dieser pragmatischen Entscheidung meiner Familie, weil ich dadurch auf meinem Berufsweg in seine Stadt Düsseldorf mit ihm – Bestand gesichert – über Ent-Bürgerlichung nachdenken konnte.

Im fünften und letzten Beispiel biete ich in Fortsetzung der Gedanken zum Solidaritätsprinzip das parallel in der Soziallehre als Dualprinzip verfolgte Subsidiaritätsprinzip an. Es ist wiederum eine Geste der Erinnerung an die Lebenswelt von Kurt Heinrich und seiner streng katholischen Denkungsart. Er war mit Professor Paul Mikat, Kultusminister in Nordrhein-Westfalen (1962–1966) freundschaftlich verbunden und hat mit dessen Fürsprache mir den Kontakt zu Professor Anton Rauscher, dem Direktor der Katholischen Sozialwissenschaftlichen Zentralstelle in Mönchengladbach (als Nachfolger von Gustav Gundlach)

---

[36] Kohler, Berthold: Verschleierungsversuche, in: FAZ vom 17. Dezember 2015, S. 1
[37] Steingart, Gabor: Weltkrieg III., in: Handelsblatt vom 16. November 2015, S. 1

vermittelt, mit dem ich in ökumenischem Verständnis seit 2010 einen sporadischen Gedankenaustausch[38] über die Katholische Soziallehre pflegen kann. Ich wähle deshalb als Überschrift für das letzte Beispiel:

»Besinnung auf das Subsidiaritätsprinzip«

Das ist der Buchtitel der aktuellen Veröffentlichung von Anton Rauscher (Juni 2015), in welchem er die Ergebnisse des 13. Deutsch-Amerikanischen Kolloquiums vom 18. bis 23. Juli 2014 in Wildbach Kreuth über »Besinnung auf das Subsidiaritätsprinzip«[39] als Herausgeber festgehalten hat. Wenn man davon ausgeht, dass das Solidaritätsprinzip – auch als Verpflichtung einer Investiven Gesellschaft – relativ einfach zu verstehen ist, so ist das beim Subsidiaritätsprinzip wahrscheinlich schwieriger. Ich versuche daher, einige differenzierte Deutungen zum Verständnis anzubieten.

Beginnen wir mit der allgemeinen Auslegung im Brockhaus Wahrig: »Grundsatz, dass übergeordnete Gemeinschaften nur für Aufgaben zuständig sein sollen, die nachgeordnete Gemeinschaften nicht erfüllen können.«[40] Anton Rauscher erinnert, »dass im Vertrag von Maastricht über die Europäische Union vom 7. Februar 1992 ausdrücklich in Art. 3 b auf das Subsidiaritätsprinzip Bezug genommen und die Zuständigkeit der europäischen Institutionen festgelegt wird: Sie sollen nur tätig werden, »sofern und soweit die Ziele der in Betracht gezogenen Maßnahmen auf der Ebene der Mitgliedsstaaten nicht ausreichend erreicht werden können«.[41] Und er macht den Beteiligten Mut, wenn er feststellt: »Seit geraumer Zeit wächst in Deutschland und in anderen Ländern der Europäischen Union die Besinnung auf das Subsidiaritätsprinzip. Das hängt damit zusammen, dass viele Bürger

---

[38] Dazu: Rauscher, Anton: Zum Ethos des Unternehmers, in: Hans U. Brauner (Hg.): Familien-Prinzip. Sind Familienunternehmen krisenresistenter?, München 2013, S. 75–92
[39] Rauscher, Anton (Hg.): Besinnung auf das Subsidiaritätsprinzip, Band 23, Soziale Orientierung, Berlin 2015
[40] Brockhaus Wahrig. Deutsches Wörterbuch, Band 6, Stuttgart 1984, S. 132
[41] Anton Rauscher (2015), S. 9

den Eindruck haben, dass die Politik der Europäischen Kommission in Brüssel sich nicht mehr damit begnügt, die gemeinsamen Aufgaben anzugehen, sondern immer mehr die Lebensverhältnisse der Bürger zu reglementieren und sie gleichzuschalten.«[42] Markus Ferber, Mitglied des Europa-Parlaments, unterstützt interessanterweise die von Anton Rauscher geforderte Besinnung auf das Subsidiaritätsprinzip, wenn er sagt: »Europa braucht subsidiäre Strukturen – doch was bedeutet das? Die Idee, die hinter dem Prinzip der Subsidiarität steckt, ist, Probleme auf der Ebene zu lösen, wo sie entstehen.«[43]

Anton Rauscher, der 1956 bei Gustav Gundlach über das Subsidiaritätsprinzip promoviert hatte, ist der Autor des Artikels »Subsidiarität«[44] im Staatslexikon – Herausgeber Görres-Gesellschaft – in der 7. Auflage 1989. Paul Mikat, Anton Rauscher und Kurt Heinrich kannten sich über die Görres-Gesellschaft, dessen Präsident Paul Mikat von 1967 bis 2007 war. Kurt Heinrich bekam 2009 den Görres-Ring verliehen. Paul Mikat arbeitete bis zu seinem Tode 2011 an der 8. Auflage des Staatslexikons, die nun Ende 2015 fertig sein soll. Die klassische Formulierung des Subsidiaritätsprinzips findet man in der Sozialenzyklika »Quadragesimo anno« von Papst Pius XI. von 1951 (von Gundlach entworfen), die durch die Weltwirtschaftskrise (Börsenkrach 1929) veranlasst worden war: »Wie dasjenige, was der Einzelmensch aus eigener Initiative und mit seinen eigenen Kräften leisten kann, ihm nicht entzogen und der Gesellschaftstätigkeit zugewiesen werden darf, so verstößt es gegen die Gerechtigkeit, das, was die kleineren und untergeordneten Gemeinwesen leisten und zum guten Ende führen können, für die weitere und übergeordnete Gemeinschaft in Anspruch zu nehmen; zugleich ist es überaus nachteilig und verwirrt die ganz Gesellschaftsordnung. Jedwede Gesellschaftstätigkeit ist ja ihrem Wesen und Begriff nach subsidiär,

---

[42] Anton Rauscher (2015), S. 9 und dazu: Teufel, Erwin: Europa vom Kopf auf die Füße stellen, in: FAZ vom 28. März 2014, S. 20
[43] Ferber, Markus: Europa braucht subsidiäre Strukturen, in: Anton Rauscher (2015), S. 139
[44] Rauscher, Anton: Subsidiarität, in: Staatslexikon, Band 5, Freiburg 1989, Sp. 386ff.

sie soll die Glieder des Sozialkörpers unterstützen, darf sie aber niemals zerschlagen oder aufsaugen (Nr. 79).«[45] Anton Rauscher hat das Subsidiaritätsprinzip mehrfach gedeutet. Eine Perspektive ist, die »Person als Subjekt der Gesellschaft« zu sehen, eine andere die »Hilfe zur Selbsthilfe«. Die Betonung der Person findet er bei Benedikt XVI., der im Prinzip der Subsidiarität ein »Zeichen der Liebe und Leitkriterium für die brüderliche Zusammenarbeit von Gläubigen und Nichtgläubigen sieht. (...) Die Subsidiarität achtet die Würde der Person, in der sie ein Subjekt sieht, das immer imstande ist, anderen etwas zu geben.«[46] Als Bewahrer der Katholischen Soziallehre in seiner Funktion als Direktor der Zentralstelle der Deutschen Bischofskonferenz von 1963 bis 2010 hat er die vielfache Interpretation aus der Nähe verfolgen können. Er nennt das komplexe Prinzip zum Beispiel vereinfacht »Hilfe zur Selbsthilfe«[47] und greift damit verbindend das Wort »Subsidium« auf, das Unterstützung, Beistand oder Rückhalt beziehungsweise finanzielle Hilfe bedeuten kann. Anton Rauscher begreift für uns mit dieser Auslegung den Wandel der subsidiären Kultur der modernen Gesellschaft und stellt dazu die richtige Frage: »Welche Entwicklungen bedrohen heute die subsidiäre Struktur unserer Gesellschaft und damit auch das Fundament des Zusammenlebens?«[48] Er plädiert dafür, »die Lebensverhältnisse und die Verantwortlichkeiten der Personen für die gemeinsamen Belange zu stärken«.[49]

Als evangelischer Christ hätte ich Kurt Heinrich fragen können, warum ich bei Anton Rauscher keinen Hinweis auf die Haltung von Papst Franziskus finden konnte. Vielleicht hat er es Thomas C. Kohler, Concurrent Professor of Law and Philosophy in Boston, überlassen, Papst Franziskus zu zitieren: »From a different perspective, recent statement

---

[45] Zitiert nach Anton Rauscher (Staatslexikon 1989), Sp. 386
[46] Anton Rauscher (2015), S. 13
[47] Ebd., S. 14
[48] Ebd., S. 16
[49] Ebd., S. 16, dazu mit seinem Hinweis auf die Düsseldorfer Handelskammer (Hg.): Welche Chancen hat Subsidiarität in Europa? 6. Röpke-Symposium, Düsseldorf 2014

by Pope Francis, such as those in *Evangelii Gaudium* have produced more anxiety, if not anger, than joy among some of his American adherents.«[50] Sorge und Ärger seiner amerikanischen Anhänger von Papst Franziskus werden durch seine Forderung nach staatlichen Eingriffen verstärkt, die im Gegensatz zu einer Unterstützung der unteren Gemeinschaft steht: »Additionally, no more than any of his predecessors does Pope Francis call for the state-dominated economic arrangements.« Und Thomas C. Kohler zitiert Papst Franziskus im gleichen Tenor: »Indeed, it is becoming increasingly difficult to find local solutions for enormous global problems which overwhelm local politics with difficulties to resolve.«[51] Neben dem bereits zitierten Markus Ferber, sollen hier noch weitere Co-Autoren mit der Forderung nach »Besinnung auf das Subsidiaritätsprinzip« vorgestellt werden:

Klaus Stüwe, Professor für Politische Systemlehre und Vergleichende Politikwissenschaft an der Katholischen Universität Eichstätt-Ingolstadt stellt kritische Fragen zur Realität von Subsidiaritätskontrolle.[52] Es ist wohl wirklichkeitsnah, wenn er feststellt: »Subsidiarität macht als politisches System nur Sinn, wenn es Mechanismen gibt, welche die Einhaltung dieses Prinzips sicherstellen.«[53] Kommission, Parlament und Rat werden durch Art. 5, Abs. 3 EUV zur Wahrung des Subsidiaritätsprinzips verpflichtet. Nach Klaus Stüwe dürfte wohl der Rat der EU »die größte Sensibilität für das Subsidiaritätsprinzip haben. Auch das Europäische Parlament ist als Hüter der Subsidiarität nur bedingt geeignet. Die geringste Motivation, im EU-Rechtsetzungsprozess das Subsidiaritätsprinzip zu wahren, hat augenscheinlich die Kommission der Europäischen Union. Sie hat in erster Linie ein Interesse daran, die europäische Gesetzgebung voranzutreiben.«[54] Klaus Stüwe steht auch der gerichtli-

---

[50] Kohler, Thomas C.: Structuring Subsidiarity, Grounding Solidarity, in: Anton Rauscher (2015), S. 222
[51] Papst Franziskus: Evanglii Gaudium, S. 206
[52] Stüwe, Klaus: Subsidiarität und Subsidiaritätskontrolle im politischen System der Europäischen Union, in: Anton Rauscher (2015), S. 95–115
[53] Stüwe, Klaus, a.a.O., S. 104
[54] Stüwe, Klaus, a.a.O., S. 105

chen Kontrolle durch den Europäischen Gerichtshof (EuGH) skeptisch gegenüber, wenn er sagt: »In der Praxis trug der EuGH bislang kaum dazu bei, das Subsidiaritätsprinzip auf der europäischen Ebene weiterzuentwickeln. Im Gegenteil: Das Gericht hat es über viele Jahre tunlichst vermieden, sich mit dem Thema Subsidiarität überhaupt zu befassen.«

Klaus Stüwe fasst die Herausforderungen und Probleme aus den geschilderten Gründen relativ kritisch zusammen: »Seit dem Vertrag von Maastricht (1992) ist Subsidiarität eines der zentralen Grundprinzipien der Architektur der EU. Politisch ist umstritten, wie Subsidiarität zu interpretieren ist. Die einen sehen darin ein wirksames Instrument, gegen eine übermächtige Zentralinstanz, die anderen benutzen es als Argument, um die bestehenden Kompetenzen der EU zu erweitern, wenn die Effizienz es erfordert. Wieder andere fürchten, dass Subsidiarität als Kampfbegriff missbraucht wird, um eine Renationalisierung voranzutreiben. In Bezug auf die Kompetenzverteilung erwarten die einen eine verbindliche Grenze nach oben, die anderen sehen darin eine freiwillige Selbstbeschränkung, und eine dritte Gruppe meint, das Subsidiaritätsprinzip habe einen lediglich ›appellativen Charakter‹«. Zum zur Kontrolle gedachten Frühwarnsystem der Subsidiarität in der EU äußert Klaus Stüwe ebenfalls Zweifel: »In der Praxis hat sich das Subsidiaritätsfrühwarnsystem (…) als wenig effektives Kontrollsystem erwiesen. Die nationalen Parlamente sind bislang strukturell kaum in der Lage, die Vielzahl der EU-Gesetzesinitiativen auf Subsidiaritätsverstöße zu überprüfen. Noch weniger vorbereitet sind die regionalen Parlamente, die es zudem schwerlich schaffen, die Prüfungsfrist von acht Wochen einzuhalten. Letztlich ist die Frage nach Subsidiarität und Subsidiaritätskontrolle im politischen System der EU nichts anderes als die Suche nach der Finalität der europäischen Integration. Mit Recht hat der neue Kommissionspräsident Jean-Claude Juncker im Juli 2014 deutlich gemacht, dass die EU ihre zukünftigen Kompetenzfelder eher in den großen als in kleinteiligen Fragestellungen sehen muss: ›Ich wünsche mir eine Europäische Union, die in großen Fragen Größe und Ehrgeiz zeigt und sich in kleinen Fragen durch Zurückhaltung und Bescheidenheit auszeichnet.‹«[55]

---

[55] Stüwe, Klaus: a.a.O., S. 106

Das von der katholischen Soziallehre entwickelte Sozialprinzip hat seit der Enzyklika »Quadragesimo anno« – wie wir bereits gezeigt haben – verschiedene Deutungen erfahren, »deren Vielzahl zugleich ein eindringlicher Beweis für seine immer noch zu beklagende Unschärfe ist«[56], wie Roman Herzog in seinem Beitrag zum Subsidiaritätsprinzip erklärt. Er weist darauf hin, dass »nach der extremen Auffassung es oberstes (...) sozialphilosophisches Prinzip ist, beansprucht also Vorrang vor allen anderen Prinzipien (E. Link, A. Rauscher, G. Wildemann u.a.)«. Im Gegensatz dazu erklärt W. Kerber: »Das Solidaritätsprinzip ist weiterhin Erkenntnisprinzip (...), als es ausdrücklich im Gegensatz zu Einseitigkeitstheorien formuliert wird, die mit einem einzigen Prinzip das gesamte gesellschaftliche Leben erklären wollen (...).«[57] Wie sich die katholische Soziallehre während des Papsttums von Franziskus entwickeln wird und welche Schlüsse darauf Kurt Heinrich für sein Thema Ent-Bürgerlichung vielleicht gezogen hätte, diese komplexen Fragen können selbstverständlich in unserem Epilog nicht beantwortet werden. Aus seinen bisherigen Veröffentlichungen – insbesondere des »Evangelii Gaudium« – und des Buches »Die wahre Macht ist der Dienst« (2014)[58] und seinem Auftreten und seinen Ansprachen im Fernsehen können nur aus subjektiver Perspektive einige Vermutungen abgeleitet werden: In der Liste der mächtigsten Leute der Welt erscheint Papst Franziskus 2013 an vierter Stelle nach den Präsidenten von Russland, der USA und China und vor der deutschen Bundeskanzlerin.[59] Daraus leitet sich eine überragende Deutungsmacht ab.

Die Erwartungen an das Papsttum Franziskus, die katholische Kirche im Sinne des Subsidiaritätsprinzips modern oder postmodern zu refor-

---

[56] Herzog, Roman: Subsidiaritätsprinzip, in: Historisches Wörterbuch der Philosophie, Band 10, Basel 1998, Sp. 482–486
[57] Kerber, Walter: Solidaritätsprinzip, in: Historisches Wörterbuch der Philosophie, Band 9, Basel 1998, Sp. 1015f.
[58] Papst Franziskus/Jorge Mario Bergoglio: Die wahre Macht ist der Dienst, Freiburg 2014
[59] Dazu Professor Michael Sievernich: Eine dienende Kirche im urbanen Raum, in: Papst Franziskus, Freiburg 2014, S. 9

mieren, sind hoch. Soll oder will oder kann er in Ausnahmefällen die von Anton Rauscher genannte »Hilfe zur Selbsthilfe« geben? Zu hoffen ist, dass Papst Franziskus die Macht besitzt – nicht nur die Deutungsmacht –, seine als richtig erkannten Reformen durchzusetzen. Im Vorfeld zur Weltbischofssynode im Oktober 2015 haben rund eine Million Gläubige in einem Brandbrief davor gewarnt, Widerverheiratete zur Kommunion zuzulassen und homosexuelle Partnerschaften anzuerkennen. In der »Rheinischen Post« kommentierte Lothar Schröder: »So staunen wir jetzt über den Appell von über 100 Bischöfen (…), die glauben, Papst Franziskus gleich vor einer sexuellen Revolution und der Auflösung der Familie warnen zu müssen.«[60]

Kurt Heinrich und sein Freund Paul Mikat, beide Anhänger von Papst Benedikt XVI., hätten dennoch Papst Franziskus in dessen Familienreformen unterstützt. Auch als evangelischer Christ, der in einer harmonischen Familiengemeinschaft mit zwei bekennenden katholischen Schwiegertöchtern lebt, hoffe ich, dass die ökumenischen Reformpläne von Papst Franziskus nach dem Subsidiaritätsprinzip erfolgreich verwirklicht werden können. Hier erinnert man sich an die These von C. Schmitt: »Souverän ist, wer in Ausnahmefällen die Entscheidungsmacht besitzt«, also wer die »letztendliche Instanz« ist beziehungsweise wer auch »letzte Kompetenz« hat.

Nachdem wir – durch fiktive Gedanken von Kurt Heinrich unterstützt – eine Art geistiges »Messerwetzen« gegen eine Ent-Bürgerlichung vor allem der spätbürgerlichen und bürgerlichen Moderne, aber auch auf neue gesellschaftliche Subjektkulturen hingewiesen haben, die unsere Nachfolgegeneration als Normalität deutet, verzichten wir auf eine übliche Zusammenfassung der bisherigen fiktiven Gedanken als Ergänzung (Teil 2) zu den späteren Gesprächen mit Kurt Heinrich (Teil 1). Stattdessen werfen wir einen Blick in unsere zukünftige Gegenwart und verweisen auf Codes, Praktika und Normierungen, mit denen wir bereits als

---

[60] Schröder, Lothar: Kampf um Rom, in: Rheinische Post vom 24. August 2015, S. 1f.

Bürger, »Ent-Bürgerlichte« oder »Nach-Bürgerliche« leben sollen oder schon müssen, obgleich wir es nicht wollen oder nicht können.

Obwohl Kurt Heinrich als – kulturell hybrid vermischt – zu verortender Spät-Bürgerlicher mit aristokratischen Codes möglicherweise protestieren würde, werde ich als sein gleichgesinnter alter Freund, drei nach-bürgerliche postmoderne, anti-bürgerlich oder nach-bürgerlich erscheinende Entwicklungen erläutern, da sie eine mögliche Weiterentwicklung der Wirklichkeit zeigen, den unser Freundeskreis stets streitbar beobachtet hat. Die Hinweise müssen zwangsläufig subjektiv bleiben, um den Preis von einigen Schwerpunkten und Ausblendungen. So haben die ebenso wichtigen Thesen über den Technologischen Totalitarismus/Google I und II/Alphabet Inc. (Frank Schirrmacher) und die These von einer Investiven Gesellschaft (Paul Nolte) selbstverständlich ihre überragenden Stellenwerte in unseren antizipativen Einschätzungen. Wir vermuten, dass diese beiden Entwicklungen soziologisch gesehen mit den ebenso genannten Wirkungen von »Vertrauen« und »Abwürgen« hybrid verflochten beziehungsweise vermischt sind ebenso wie mit den drei folgenden Thesen von Andreas Reckwitz, Christoph Kucklick und nochmals Herfried Münkler.

Ich versuche, diese neuen Entwicklungen der drei Wissenschaftler als vermutete Herausforderungen für die zukünftige Gegenwart vorzustellen und zu kommentieren, um vielleicht einen gemeinsamen Kerngedanken herauszufiltern:

1. »Das hybride Subjekt. Eine Theorie der Subjektkulturen von der bürgerlichen Moderne zur Postmoderne«, die Professor Andreas Reckwitz in seiner Habilitationsschrift 2006 vertreten (ergänzt 2012 in 2. Auflage) und veröffentlicht hat: Wir sollen das »Subjekt als ästhetisch-ökonomische Doublette«, also hybrid sehen, und wir sollten ihn auf dem »Weg zu einer destruktiven Kulturtheorie der Moderne« mit dem Kompass der »Destruktion« begleiten.
2. Christoph Kucklick (Jahrgang 1963), promovierter Soziologe und Chefredakteur von »GEO«, hat 2015 »Die granulare Gesellschaft.

Wie das Digitale unsere Wirklichkeit auflöst« veröffentlicht. Er stellt die Frage »Wie wir uns auflösen und warum wir uns neu erfinden müssen«. Die digitale Wirkung der *Granulation,* also das Maß der Auflösung, der Feinkörnigkeit – so vermutet Christoph Kucklick – wird für neue Ungleichheiten und Ausdeutungen sorgen.

3. Schließlich verdanken wir drittens Thesen des Berliner Professors für Politikwissenschaft Herfried Münkler über die bereits zitierten Werke »Mitte und Maß« mit dem Untertitel »Der Kampf um die richtige Ordnung« (2010) und der aktuell konsequenten Fortsetzung »Macht in der Mitte – Die neuen Aufgaben Deutschlands in Europa« (2015). Seine Thesen bieten eine Chance, die seit 2015 ansteigenden Migrationsströme aus dem Süden und Osten als »neue Völkerwanderung«[61] in die Mitte Europas zu erklären.

Wir beginnen unsere epilogische Antizipation mit Andreas Reckwitz[62] und seiner Neugier erweckenden Überschrift, mit der er die »Perspektive auf die Kultur der Moderne und auf das subjektive Zentrum« hinführt.

Diagnose der Hybridität moderner Subjektkultur

Die zu erwartende Frage nach dem Subjekt in der Moderne beantwortet Reckwitz mit folgenden Thesen:

- »*Subiectum,* das Subjekt hat eine doppelte Bedeutung: Es ist das in die Höhe Erhobene und das Unterworfene. Und es ist das, was übergeordneten Strukturen unterliegt.«[63]
- »Man kann die Doppelstruktur des ›*Subiectum*‹ zwischen Unterwerfung und Unterworfenheit (…) auch dechiffrieren: nicht als zwei distinktive, in der Regel gegenläufige Kräfte, sondern als zwei Seiten des gleichen Prozesses.«

---

[61] Kade, Claudia und C. C. Malz: Ist das die neue Völkerwanderung?, in: Welt am Sonntag vom 23. August 2015, S. 1–4
[62] Reckwitz, Andreas: Das hybride Subjekt. Eine Theorie von der bürgerlichen Moderne, Weilswist 2012
[63] Andreas Reckwitz (2012), S. 9

Kommentar: Es ist zu vermuten, dass Reckwitz auf eine Doppelgesichtigkeit hinweist, auf janusköpfige Subjekte. Reckwitz erläutert diese komplex zu verstehende Mehrdeutigkeit mit »fünf miteinander zusammenhängenden Elementen einer kulturellen Logik der Subjekttransformation in der Moderne (...)«:
- Es sind erstens *drei differente, miteinander konfigurierende Ordnungen des Subjekts* innerhalb der Moderne: *Die bürgerliche Moderne* des 18. und 19. Jahrhunderts versucht die Form des moralisch-souveränen, respektablen Subjekts verbindlich zu machen;
- die *organisierte Moderne* der 1920er- bis 1970er-Jahre produziert als Normalform das *extrovertierte Angestelltensubjekt;*
- die *Postmoderne* von den 1980-Jahren bis zur Gegenwart entwickelt das Moderne eine *kreativ-konsumorientierte Subjektivität.*

Die Transformation der Subjektordnungen verläuft schlagwortartig vom »Charakter« über die »Persönlichkeit« zum »Selbst«.

Kommentar: Ich versuche Reckwitz – umgangssprachlich – so zu verstehen: Unsere komplexe Gesellschaft besteht aus Subjekten, die in Vergangenheit, Gegenwart und Zukunft veränderte kulturelle bürgerliche Merkmale haben. Diese Transformationen kennzeichnet Reckwitz als bürgerlich-modern, angestellten-bürgerlich und kreativ-konsumorientiert-bürgerlich. Er ordnet diesen drei Modernitätskulturen – in dieser Reihenfolge – die Begriffe Charakter, Persönlichkeit und Selbst zu.

- »Die Subjektformen der drei Modernitätskulturen sind nicht als reine Ideen bezüglich eines idealen Subjekts zu verstehen. Die Form des Subjekts wird vielmehr im alltagssprachlichen hervorgebracht, trainiert und stabilisiert (...): die ökonomischen *Praktiken der Arbeit, die Praktiken persönlicher* und *intimer Beziehungen* (...) Familie (...) und die *Technologien des Selbst* (Schriftlichkeit, audiovisuelle und digitale Medien). Die Kultur des Subjektes hält sich (...) nicht an die Logik rationaler Grenzbeziehungen, sondern produziert systematisch Grenzüberschreitungen.«[64]

---

[64] Andreas Reckwitz (2006), S. 16

Kommentar: Reckwitz unterscheidet zwischen Codes = »Geflecht von Sinnmustern« und sozialen Praktiken, die er als »eine sozial geregelte, typisierte, routinierte Form des körperlichen Verhaltens (...) und spezifische Formen des Wissens, des Know-how des Interpretierens, der Motivation und der Emotion« erläutert. Und er sieht eine enge Verbindung zwischen sozialen Praktiken, »an denen sich die Codes finden und an denen sie ihre Wirkung entfalten«.[65]

Praktische Beispiele zum familiären Feld werden uns Sinnmuster in Form von Manieren (Knigge) als Bürgerliche, Großbürgerliche, Angestellte oder Freiberufliche beigebracht, zum Beispiel wie wir »anständig« essen und trinken oder grüßen sollen. Und wir transformieren diese Codes zu Praktiken, leider mit unterschiedlichen Erfolgen. Ebenso geht es im Angestelltenbereich zu: Corporate Governance Codes werden legalisiert und legitimiert; Compliance-Beauftragte (»Chief Compliance Officers«) sollen zum Beispiel nach Praktiken von Regelverstößen fahnden. Ein drittes Beispiel zum »Selbst« sind die audiovisuellen Darbietungen (Facebook, Twitter und so weiter) der »Selfie«-Subjekte, die aus allen Bürgerschichten stammen. Kurt Heinrich würde wohl beim »Selfie« seine These der »Ent-Bürgerlichung« kritisch als Maßstab anlegen. Hinsichtlich der Corporate Governance-Praktiken erlebt man leider immer wieder negative Überraschungen, selbst bei renommierten Banken und Industrieunternehmen.

- Eine dritte *Subjekttransformation* sieht Reckwitz in *ästhetischen Bewegungen*: die Romantik zu Beginn des 19. Jahrhundert, die Avantgarde zu Beginn des 20. Jahrhunderts und die für unsere aktuelle Einschätzung relevante »kulturrevolutionäre *counter culture* der 1960er-/70er-Jahre, die mit dem Postmodernismus verknüpft ist«.[66]

Kommentar: Kurt Heinrich hat die *counter revolution* in unseren Gesprächen aus eigener Erfahrung als Universitätsprofessor glaubwürdig geschildert.

---

[65] Andreas Reckwitz (2006), S. 36
[66] Andreas Reckwitz (2012), S. 17

- Reckwitz kommt in seiner vierten Antwort auf die Frage nach dem Subjekt in der Moderne auf folgende Antworten: »(...) um ›die‹ Mentalität der Bürgerlichkeit (...) aufspüren zu können, wird deutlich, dass alle Subjektkulturen statt einer kulturellen Logik der Einheit einer *kulturellen Logik der Hybridität* folgen: ›Hybridität‹ bezeichnet daher die – nicht exzeptionelle, sondern verbreitete, ja regelmäßige – Kopplung und Kombination unterschiedlicher Codes *verschiedener* kultureller Herkunft in *einer* Ordnung des Subjekts. Die Hybridität kultureller Muster macht eine Subjektform ... immanent widersprüchlich und implantiert in ihr präzise bestimmbare Bruchlinien. Für jede der drei großen Subjektordnungen ist dann nicht ein einziges eindeutiges Sinnmuster kennzeichnend, sondern jede erweist sich als eine *historisch spezifische, kulturelle Überlagerungskonstellation,* in der Subjektcodes hybrid aneinander gekoppelt sind: in der bürgerlichen Kultur (...) Moralisierung (...) und Selbstregulierung, in der Angestellten-Persönlichkeit (...) *peer society* (...); die postmoderne Subjektkultur (...) Selbstkreation. (...) Das bürgerliche Subjekt, das Angestelltensubjekt und das postmoderne Subjekt sind somit allesamt latent widersprüchliche Gebilde. Diese immanenten Heterogenität und Fissuren machen die modernen Subjektformen instabil (...): die Muster gelungener Subjekthaftigkeit enthalten damit sogleich spezifische Muster des *Scheiterns* der Identität.«[67]

Kommentar: Hybridität der drei bürgerlichen Subjektkulturen ist wohl der wichtigste Aspekt der Theorie von Andreas Reckwitz. Er bestätigt damit die von Kurt Heinrich geschilderten potentiellen Risse, die er Fissuren bezeichnet; der Gebrauch des medizinischen Ausdrucks »fissura«[68] hätte der Mediziner Kurt Heinrich sicherlich begrüßt. Damit verweist Reckwitz auch auf die Risiken der Instabilität und des Scheiterns der bürgerlichen Identität.

---

[67] Andreas Reckwitz (2012), S. 19
[68] Pschyrembel Klinisches Wörterbuch 2012, S. 263, neu bearb. und erw. Auflage Berlin/Boston, S. 675

- Reckwitz vertieft fünftens seine Überlegungen zur Hybridität: »Die unterschiedlichen Subjektkulturen befinden sich zueinander nicht im Verhältnis vollständiger Diskontinuität, sondern erweisen sich gerade dadurch, dass sie hybride Kombinationen darstellen, als *historisch »intertextuelle« Sinnkonstellationen, in denen spätere Formationen Elemente von früheren enthalten und aufnehmen.* Gegen die aus (...) der Moderne als Fortschrittsprozess vertraute Annahme absoluter Brüche zwischen ›alten‹, überholten und radikal ›neuen‹ Gesellschaften und Kulturformen lassen sich die einzelnen Modernitätskulturen als Mischungsverhältnis zwischen jeweils neuen und alten Sinnelementen dechiffrieren (...).« Daraus zieht Reckwitz eine wichtige Konsequenz: »In der bürgerlichen Subjektkultur sind ausgewählte Bestandteile aristokratischer Subjektivierter, vor allem die gelassene Souveränität der Kommunikations- und Körperbeherrschung, präsent. Die Angestelltenkultur der 1920 bis 1960er Jahr greift bei aller Distanz zum Bürgerlichen auf die anti-exzentrische Distinktion und das Ordnungsdenken des bürgerlichen Subjekts zurück. Entscheidend ist – so Reckwitz – »das sich damit langfristige, aber gebrochene *kulturelle Effekte* scheinbar »überholter« Subjekt- und Identitätsmuster ergeben, insbesondere jene der *aristokratischen und der bürgerlichen Kultur in der nachbürgerlichen Kultur sowie die Effekte der historisch ästhetischen Bewegung* der Romantik und der Avantgarde bis zum Beginn des 21. Jahrhunderts. Die Subjektkulturen der Moderne erweisen sich damit als hybride Arrangements historisch disparater Versatzstücke, die nur einen Schein von strikten Brüchen zur Vergangenheit produzieren (...).«[69]

Kommentar: Gegen oder auch für die These der Ent-Bürgerlichung von Kurt Heinrich können wir aus den Thesen von Andreas Reckwitz Folgendes dechiffrieren: Es wird wohl keine vollständige Diskontinuität (Ent-Bürgerlichung) der bürgerlichen Kultur geben, sondern durch eine hybride Vermischung von Versatzstücken der vorangegangenen Subjektkulturen zu postmodernen Bürgergesellschaften bleiben teil-

---

[69] Andreas Reckwitz (2012), S. 20

weise Sinnmuster (Codes) und Praktiken mit leider nicht vermeidbaren Fissuren erhalten, zum Beispiel des bürgerlichen Familienlebens, des bürgerlichen Lesens und Musizierens, des Vokabulars der Manager und Freiberufler und so weiter. Als Beispiel für hybride Mischformen von unterschiedlichen Identitäten könnte die Mitgliederstruktur des evangelischen Johanniter-Ordens sein: Etwa zwei Drittel Aristokraten finden sich mit einem Drittel Bürgerlichen zu gemeinsamen sozialen Aufgaben, was zu gegenseitigen Transformationen von Codes und Praktiken führen kann, aber auch zu Abgrenzungen oder – wie es Reckwitz ausdrückt – »implantierten Bruchlinien« mit »historisch kultureller Überlagerungskonstellation« – eben hybrid –, aber nicht ent-bürgerlicht.

Ein anderes Beispiel zeigt die verschiedenen Proportionen von Glaubwürdigkeit zu Unglaubwürdigkeit[70], wobei für Codes und Praktiken entscheidend ist, welches Mischungsverhältnis überwiegt, was zur charakterlichen Bewertung eines Politikers, Bankiers, Rechtsanwaltes oder Arztes führen kann.

Ein weiteres positives Beispiel, das zukünftig gegen eine Ent-Bürgerlichung sprechen könnte, ist die »Görres-Gesellschaft zur Pflege der Wissenschaft«[71], die eine der ältesten deutschen Wissenschaftsgesellschaften in privater (bürgerlicher) Trägerschaft seit 1876 ist – nach Joseph von Görres (1776–1848) benannt. Ihr Ziel, das schon mehrere Transformationen des Bürgertums in hybrider Verbindung mit der Aristokratie und der Katholischen Kirche erlebt hat, ist »in Bewahrung und Weiterführung ihres im katholischen Glauben wurzelnden Gründungsauftrages wissenschaftliches Leben (...) anzuregen und zu fördern« unter anderem durch »wissenschaftliche Unternehmungen durch Herausgabe wissenschaftlicher Reihen und Einzelwerke«, zum Beispiel des »Staatslexikon« (1. Auflage 1889–97), dessen 7. vollständig

---

[70] Dazu Brauner, Hans und Manfred Osten: Es gilt das gebrochene Wort. Das Ende der Glaubwürdigkeit?, München 2013
[71] Görres-Gesellschaft (Hg.): Staatslexikon. Recht/Wirtschaft/Gesellschaft, Band 2, Basel/Wien 1986, Sp. 1082–83

neu bearbeitete Auflage 1985 bis 1993 von Paul Mikat, dem Präsidenten (1967–2007) und einem Freund von Kurt Heinrich, herausgegeben worden war. Paul Mikat koordinierte die 8. Auflage (voraussichtlich 2015) und erreichte 2011 kurz vor seinem Tode die Arbeit bis zum Buchstaben »L«, wie er Kurt Heinrich mitteilte – ein Vorbild für bürgerliche Pflichterfüllung.

Nachdem wir das Hybrid-Prinzip in der Interpretation von Andreas Reckwitz nach fünf Aspekten als Beginn einer Antizipation möglicher bürgerlicher oder wahrscheinlicher ent-bürgerlichter Entwicklungen vorgestellt haben, wollen wir kurz darauf hinweisen, was er unter den folgenden beiden Thesen versteht, die wir in unserer zukünftigen Gegenwart erwarten können: Reckwitz spricht von »gegenkulturellen und konsumtorischen Kreativsubjekten« und bezeichnet das »Subjekt der Postmoderne als ästhetisch-ökonomische Doublette (seit 1980)«. Er spricht von einem »Modell einer projekt- und teamförmigen Kreativarbeit (…), die mit beschleunigten unternehmerischen Produktinnovationen auf die Fluidität der Konsumenten zu reagieren versucht. Diese post-bürokratische, projektförmige Arbeitskultur (…) präjudiziert ein Arbeitssubjekt, das sich als hybride Doppelkonstruktion von Kreativsubjekt und unternehmerischem Subjekt darstellt.« Für dieses Modell gibt es den eleganten Ausdruck »ästhetisch-ökonomische Doublette«.

Kommentar: Kann man diese Entwicklung der Arbeitssubjekte noch als bürgerlich verstehen oder muss man sie – wie Kurt Heinrich – als ent-bürgerlicht etikettieren? Reckwitz benutzt für diese post-bürokratische Arbeitspraxis auch nicht den Begriff »bürgerlich«, sondern bezeichnet die Träger der urbanen Kulturindustrie (Beratung, Informationstechnologie, Design, Werbung, Tourismus, Unterhaltungsindustrie, Forschung und Entwicklung, Finance und so weiter) als *creativ class*. Andererseits spricht er dann – den in der eindeutigen Jägersprache gebrauchten Begriff Doublette leider verlassend – von Arbeitssubjekt als einem »hybriden Arrangement von kreationistischer, ästhetischer Subjektivität, klassisch-bürgerlicher Selbstkontrolle und dem – nun individuellem Profil statt sozialer Konformität prämierenden – *persona-*

lity salesmanship der Angestelltenkultur«[72], was komplex ist und was Kurt Heinrich für fiktiv schwer verständlich gehalten hätte. Da mir das Unternehmerische aus eigenem Denken und Handeln immer noch sehr deutlich ist, greife ich hier den Code des Bewegt-Dynamischen von Reckwitz auf: »Der Unternehmer ist kreativ, der Kreative ist Unternehmer.« So ist es wohl richtig, wenn er feststellt: »Als Unternehmer seiner selbst muss das postmoderne Arbeitssubjekt darauf abzielen, immer wieder neu seine *marketibility* und *employability* zu demonstrieren, zu sichern und zu erweitern.« Und weiter: »... der Unternehmer seiner selbst will wahrnehmbare Erfahrungen sammeln, die sein *selfbranding* perfektionieren.«[73] Hierzu bediene sich das unternehmerische Subjekt der »Semantik des Sportlichen zu einer Semantik des erfolgreichen Sportlers.«[74] Dem kann man nur zustimmen, vor allem weil zum sportlichen Wettbewerb sowohl die Chance des Sieges als auch das Risiko der Niederlage gehört. Reckwitz betont bemerkenswert in diesem Zusammenhang die Teamfähigkeit als »notwendige, effektiv besetzte Kreativitätsgemeinschaft«[75], ohne die ein kreativ-unternehmerisches Subjekt nicht kreativ sein könnte. Dies ist sicherlich im Projekt-Management eine wichtige bürgerliche Eigenschaft, im Top-Management hingegen sprechen Doppelspitzen (Co-Vorstandsvorsitzende – Beispiel Deutsche Bank AG) eher gegen ein Team. Hier gilt – nicht nur aus meiner eigenen Erfahrung – vorzugsweise die Erkenntnis: Ein Team *mit* Spitze ist erfolgreicher als ein Team *als* Spitze.

Interessant ist folgende Beobachtung, die Reckwitz als These formuliert: »Partnerschaft (= Ehepartner oder Lebensgefährte, HUB) wird in der postmodernen Subjektkultur nicht als ein (...) soziales System (...), sondern als eine Expressionsgemeinschaft reziproker immer wieder neuer und momenthafter Anregungen der beiden Ichs modelliert. Das postmoderne Paar imitiert in dieser radikalen Ich-Orientierung das romantische Liebespaar; anders ... als jede Konnotation einer »Hälfte« des

---

[72] Andreas Reckwitz (2012), S. 510
[73] Ebd., S. 519
[74] Ebd., S. 521
[75] Ebd., S. 525

Ego durch einen komplementären, nicht austauschbaren Alter – die damit beide lebenslang aneinander gekettet bleiben – ... nicht als Bedingung, sondern als Bedrohung erscheint.« Reckwitz ordnet dieser Entwicklung des bürgerlichen Familienlebens die Merkmale »romantisch-expressive Praktiken« mit der Paarbeziehung als »hybride Überlagerung dieser beiden heterogenen Praxisformate« als mögliche »distinktive ... alltägliche *companionate marriage* ...«. Diese »Durchgangskonstellation«, diese temporäre Kooperation oder auch asynchrone Integration von familiären Partnerschaften enthält das Risiko des Scheiterns und des Verfalls und macht die Dekonstruktion von konservativ-bürgerlichen Ordnungsprinzipien sichtbar zugunsten von Zufall, Spiel, Anarchie, Zerstreuung, Eigeninteresse, Egozentrik, Regelbruch, Untreue, Diskontinuität, Misstrauen und so weiter. Transformiert man diese These der temporären *Companionship* auf die unternehmerisch-ökonomische Ebene, so scheinen hier ähnliche hybride Bedingungen zu herrschen zwischen emotionalen und rationalen Partnerbeziehungen. Kreativ-ökonomische Arbeitssubjekte – um im Bild von Reckwitz zu bleiben – auf der Leadership-Ebene (Peer Society) missbrauchen gelegentlich die Lebensleistung ihrer Geschäftspartner oder Vorgänger, indem sie diese als Durchgangs-Konstellation bezeichnen und diese unwahrhaftig umetikettieren in ihre eigene Innovations-Leistungsträgerschaft.

Kurt Heinrich wird diese fiktiven Rückschlüsse – »als-ob«-Gedanken – sicherlich bejahen, denn sie passen in seine These von der Ent-Bürgerlichung. Und seine Kenntnisse der modernen sozialen Konflikte zwischen den Klassen, wie sie Ralf Dahrendorf[76] bereits 1992 in seiner Diagnose der Bürgergesellschaft dargestellt hatte. Andreas Reckwitz beschreibt diese einfach von Kurt Heinrich als Ent-Bürgerlichung bezeichnete Entwicklung als eine Tendenz »Auf dem Wege zu einer dekonstruktiven Kulturtheorie der Moderne«[77] als übergreifende Konstellation. Nachdem wir die Hybridität als eine wichtige Herausforderung für eine

---

[76] Dazu: Dahrendorf, Ralf: Der moderne soziale Konflikt. Essay zur Politik der Freiheit, Stuttgart 1992
[77] Andreas Reckwitz (2012), S. 631–642

gesellschaftliche Evolution – speziell des Bürgerlichen – mit den Thesen von Andreas Reckwitz antizipierend kommentiert haben, wollen wir zweitens nochmals die Thesen von Herfried Münkler über die bereits zitierten Ordnungsthesen zu »Mitte und Maß« und »Macht in der Mitte« aufgreifen ebenso wie die gegenteiligen (ordnungswidrigen) Thesen des Begriffs »Splitter«.

Seine Gedanken erschließen mögliche Veränderungen der Bürgergesellschaft, die durch die neue Völkerwanderung der bürgerlichen Flüchtlinge, den Asylanten und Einwanderern, aus Afrika und dem Nahen Osten über die »*Ränder*« Europas in die Europa-»*Mitte*« entstehen werden. Wir vermuten, in Fortsetzung unserer fiktiven Gespräche mit Kurt Heinrich, weitere Kerngedanken zu unseren Bürgertypen der »Ent-Bürgerlichung«[78] und den Digital-Hybriden-Bürgerlichen zu finden, die durch die bevorstehende Integration von zu erwartenden mehreren Millionen Migranten antizipativ verändern können. Dabei spielen »Kriegssplitter«, wie Herfried Münkler sein neuestes Buch (2015) nennt, wahrscheinlich auch eine wichtige Rolle oder auch der Begriff »Granatsplitter« aus den Jugenderinnerungen des Literaturprofessors Karl Heinz Bohrer (2012). Wir sind überzeugt, dass der Begriff »Splitter« nicht nur mit staatlichen Macht- und Gewalt-Konstellationen zu tun hat und haben wird, sondern auch mit bürgerlichen Konflikten (ethnischen, religiösen, kulturellen, wirtschaftlichen etc.). Deshalb schlagen wir vor, auch von »Splitterbürgern« zu sprechen. Zersplitterte Migranten suchen die Mitte, die – wie Herfried Mülkler richtig sagt – »als ein Ort der Sicherheit und der Beständigkeit gilt. Während links und rechts Gefahren drohen (…), verspielt die Mitte Ausgleich, Wohlstand, Frieden«.

---

[78] Münkler, Herfried (2015), S. 7

Ent-Zweien, Ent-Bürgerlichen, spalten, splittern

Als Christen denken wir an die Luther-Übersetzung (Matth. 7/3–5): »Was siehst du aber den Splitter in deines Bruders Auge und wirst nicht gewahr des Balkens in deinem Auge.« Das gilt wohl auch für unsere drei Bürgertypen, dass wir die kleinen Fehler unserer Mit-Bürger sehen und nicht die großen Fehler bei uns selbst. Militärisch gesehen denkt man an Granatsplitter, die besonders große Wunden verursachen; das können auch »Minen« sein, die unsere entzweienden Splitter verursachenden bürgerlichen Berufskollegen vergraben, um uns im Wettbewerb auszuschalten. Als kleiner Junge im Zweiten Weltkrieg musste ich häufig Splittergräben in Berlin aufsuchen zum Schutz vor der Splitterwirkung bei Luftangriffen (so wie Karl Heinz Bohrer). Später habe ich »Splittergräben« zwischen Arbeitgebern, Arbeitnehmern, Gewerkschaften und Aktionären entdeckt, die auch der Ent-Grenzung dienten, »Splitting« ist nicht nur ein Verfahren zur Besteuerung von Ehegatten, sondern auch im Börsenwesen ein Aktiensplit, um – ohne Kapitalerhöhung, also bei gleichbleibendem Grundkapital – mehr Aktien an die Börse bringen zu können, sodass der Kurswert sinkt. Auf dies bürgerliche Verhalten bezogen könnte man von einer ent-zweienden Partizipation sprechen, aber auch von einer wachsenden Feinkörnigkeit (Granulation). Selbst das »divide et impera«-Prinzip könnte man zur Bedeutung herbeiholen.

Interessant sind auch einige Beispiele für die Begriffsdeutung von Splitter und splittern im Grimm'schen Wörterbuch (1905): Ein »splitter ist ein durch spalten entstandenes stück«, also ähnlich mit dem Spalten, der Spaltung von bürgerlichen Gesellschaften. Splitter ist auch ein Ausdruck für »etwas ganz winziges oder geringfügiges« (»granulierte Gesellschaft«?). Splittern bedeutet im Sinne der Gebrüder Grimm auch Zwist, Zwiespalt verursachen, »sich in splitter auflösen«; »splittern ist ein vollständiges zerbrechen« (ein Zerbrechen des Bürgerlichen, eine Ent-Bürgerlichung). Interessant ist auch folgende Interpretation: »splitter sind die dünnsten späne welche im zerbrochenen Holz stehen bleiben (...) besonders im kampfe«. Dieses Merkmal ließe sich ebenfalls auf »Splitterbürger« anwenden. Ebenso vorausschauend scheint die Grimm'sche Deutung zu sein: »der eiche splitter sind der sträucher donner-keil«, das heißt der Kollateralschaden herabfallender Äste eine Eiche auf die unten stehenden Büsche. Im übertragenen Sinn könnte man fragen, ob »Splitterbürger« Kollateralschäden verursachen können.

Dieser sprachliche Exkurs, den wir in ent-zweien, ent-bürgerlichen, was zu spalten und splittern führen kann, ist mit der Vorsilbe »-ent-« verbunden, also dem Entgegenstehenden beziehungsweise dem bevorstehenden Ende verbunden. In Grimm'scher Deutung drückt »ent-« dreierlei aus: »ein gelindes gegen und wider«, ein »beginnen« und ein »aus«, »das gegenteil von ›be‹«.[79] Versuchen wir, diese relativ be-engende Nachbarschaft des spaltenden, splitternden Vorsatzes »ent-« mit der bevorstehenden, zukünftigen Vorsilbe »be-« inhaltlich gegenüber zu stellen: zum Beispiel ent-grenzen/be-grenzen (Willkommens-Kultur: »Wir schaffen es« vs. »... aber«; Abschottungskultur: Schutzgrenzen/Migrations-Schleusen).

Kurt Heinrich hat den semantischen Exkurs mit der Vorsilbe »ent-« in unserem ersten Gespräch für die Ent-Bürgerlichung zu einem anti- (= griechisch) bürgerlichen Verhalten verstanden. Wir haben diese Begriffsbildung bisher in keiner wissenschaftlichen Enzyklopädie gefunden, so dass es wohl seine Wortschöpfung bleiben wird. In diesem fiktiven Gespräch mit Kurt Heinrich versuchen wir, ihn davon zu überzeugen, dass es »ent-«, nicht nur mit »anti-«, sondern auch mit dem lateinischen »ante«, also »vor«, verwandt ist, was eine positive Be-deutung haben kann. Wir sehen es deshalb auch für legitim an, den Begriff »Splitterbürger« entweder negativ als Ent-Bürgerlicher oder aber auch positiv als kleine Abspaltung einer bürgerlichen Elite zu begreifen. Diese sich und andere be-grenzenden Bürger vertreten zum Beispiel die Meinung, wie der Chefredakteur der Neuen Zürcher Zeitung, Eric Gujer, in einem Leitartikel sagt: »Wer angesichts der aktuellen Flüchtlingskrise die nationalen Unterschiede einebnen und eine europäische Norm der Willkommenskultur schaffen will, begeht einen verhängnisvollen Fehler.«[80]

---

[79] Grimm'sches Wörterbuch (1905/1984), Band 3, Sp. 488–489
[80] Gujer, Eric: Vom Nutzen und Wert der Grenzen, in: Neue Züricher Zeitung vom 10./11.Oktober 2015, S. 1

In gleicher Weise stellt der »Welt«-Herausgeber Stefan Aust die Frage: »Wie kann Angela Merkel verkünden, es läge nicht in unserer Hand, wie viele Flüchtlinge zu uns kommen? Moralisch verbrämt, wird hier Nichtstun als Politik ausgegeben.«[81] Nach der scharfen Kritik aus den eigenen CDU/CSU-Reihen auf ihre »alternativlos«[82] erscheinende Flüchtlingspolitik als »Mutter Angela«[83] anlässlich der Mission der Bundeskanzlerin am 18. Oktober 2015 beim türkischen Regierungschef passte sie ihre Flüchtlingspolitik nach dem Prinzip von links geprägter Mitte und Maß pragmatisch an und »stellt der Türkei mehr Geld und Visa-Erleichterungen in Aussicht«[84], was vom EU-Gipfel als Aktionsplan begrüßt wird.[85]

Kurt Heinrichs kluger Verstand würde dieses Verhalten von Angela Merkel wohl mit dem Merkmal *hybrid* charakterisieren: Im September 2015 wirkte sie mit ihrer Politik der »Offenen Arme« als ent-grenzende »Willkommenskanzlerin«, um im Oktober als be-grenzende »Abschreckungskanzlerin« dazustehen als Befürworterin von Transitzonen und einem be-deutenden Türkeibündnis. Bundespräsident Joachim Gauck brachte seine hybride Haltung am 27. September 2015 in seiner großen Rede zur Flüchtlingspolitik in Mainz mit richtigen Worten emotional und rational auf den Punkt: »Wir wollen helfen. Unser Herz ist weit. Doch unsere Möglichkeiten sind begrenzt.«[86] Wir dürfen unsere beiden höchsten Amtsträger mit dem gebotenen Respekt als Vertreter der hybriden »Splitterbürger« der oberen Elite (Peer Society) im Sinne un-

---

[81] Aust, Stefan: Kanzlerin ohne Grenzen, in: Die Welt vom 10. Oktober 2015, S. 1
[82] Ginsburg, Hansjakob et al: Balanceakt am Bosporus. In: Wirtschaftswoche vom 16. Oktober 2015, S. 16–23 mit der Titelseite »Alternativlos. Wir schaffen das – nur mit der Türkei. Zu welchem Preis?«
[83] Kunst, Katrin: Herzdame, in: Spiegel vom 19. September 2015, S. 16ff. Mit der Titelseite: »Mutter Angela. Merkels Politik entzweit Europa«.
[84] Frankenberger, Klaus Dieter: Merkels Mission sowie Michael Martens: Bis hierher und nicht weiter, in: FAZ vom 19. Oktober 2015, S. 1–2
[85] Nusspliger, Nikolaus: Ein Deal mit Ankara rückt näher, in: Neue Zürcher Zeitung vom 17. Oktober 2015, S. 3 (S. 1)
[86] Quadbeck, Eva: Gaucks große Rede, in: Rheinische Post vom 28. September 2015, S. 2 (auch S. 1)

serer fiktiven Gedanken deuten, was Kurt Heinrich sicherlich bejahen würde. Wenn wir uns nach unseren Erinnerungsversuchen an unsere wirklichen und fiktiven Gespräche mit Kurt Heinrich schlussendlich mit möglichen zukunftsfähigen Entwicklungen der Bürgergesellschaft beschäftigen, wählen wir den Buchtitel des Philosophieprofessors Robert Spaemann

»Schritte über uns hinaus«[87]

Wir beschäftigen uns in diesem vorletzten Kapitel mit Visionen der drei Wissenschaftler Christoph Kucklick (2014), Erik Brynolfsson / Andrew McAfee (2015) und Luciano Floridi (2015) über mögliche digitale Revolutionen. Nachdem wir die zu einer Völkerwanderung gewachsenen Flüchtlingsströme nach der *Mitte* Europas kritisch kommentiert haben, auch im Hinblick auf das notwendige begrenzte *Maß*, im Sinne von Herfried Münkler, wenden wir uns nun dem angekündigten Wissenschaftler Kucklick zu. Er schildert diese Veränderungen der bürgerlichen Gesellschaft mit drei Revolutionen:
- Differenz-Revolution oder Warum wir seltene Körper und Gehirne bekommen.
- Intelligenz-Revolution oder Warum wir smarter werden und welchen Preis wir dafür bezahlen.
- Kontroll-Revolution oder Wie wir uns vorhersehbar machen (lassen).

Und er schließt seine Gedanken präzise und antizipativ mit der These
- Der granulare Mensch oder Wie wir uns neu erfinden.

Wir wollen auf die letzte These näher eingehen, für die Kucklick vier Entwürfe anbietet, denen er jeweils eine Eigenschaft zuordnet: Der *neue verteilte* Mensch. Der *irritierbare* Mensch. Der *spielende* Mensch. Der *empathische* Mensch.

---

[87] Spaemann, Robert: Schritte über uns hinaus. Gesammelte Reden und Aufsätze I, Stuttgart 2010

Unter »Granularität« verstehen Computer-Wissenschaftler das Maß der Auflösung, die Präzision von Daten: Je feinkörniger, desto granularer. Durch die Digitalisierung ziehen wir alle Schritt für Schritt in diese feinauflösende Gesellschaft um. Wir selbst und unsere Gesellschaft werden auf neue Weise vermessen. Unser Körper, die Natur, unsere soziale Beziehung, unsere Politik, unsere Wirtschaft – alles wird feinteiliger, höher auflösend, durchdringender erfasst, analysiert und bewerteter denn je.

»Das Inventar des Möglichen« (Ferdinand Braudel) ... verändert und erweitert sich derzeit dramatisch und erzeugt bislang undenkbare Möglichkeiten: Denn mit der Detailgenauigkeit, mit der wir unsere Realität wahrnehmen, verändert sich diese Realität selbst«[88]. Diese – für Kurt Heinrich und mich überraschenden – visionären Erkenntnissen von Christoph Kucklick zum »neu verteilten« Menschen, werden Stefan Selke[89] als »Lifelogging« bestätigt.

Beginnen wir mit dem ersten Entwurf zum *verteilten* Menschen. »Die Grenze zwischen der menschlichen und der technischen Intelligenz (...) ist nicht mehr klar definierbar. Das bedeutet, dass Mensch und Maschinen ununterscheidbar sind. (...) dass wir das, was üblicherweise für den Ausweis unseres Menschseins halten: unsere sozialen Beziehungen, unser Wissen (...), unsere Werte (als Bürger, HUB) – dass wir all das nicht mehr ohne die technischen Mittel verstehen können, (...) was die Theoretiker *extended mind*, erweiterter Geist«[90] bezeichnen. Und Kucklick folgt daraus, dass der Satz »Ich denke, also bin ich« (Cogito ergo sum/Descartes) (...) in dieser Philosophie keinen Sinn mehr macht. Das Ich wird prekär, sowie man es verteilt. Man erkennt (...) die ungeheure Bedrohung durch die denkenden Maschinen: Sie nagen an unserem Ich.«[91] Und Kucklick interpretiert diese Differenz-Revolution nicht nur mit den verborgenen Unterschichten zwischen Mensch und

---

[88] Christoph Kucklick (2014), S. 10
[89] Selke, Stefan: Lifelogging. Wie die digitale Selbstvermessung unsere Gesellschaft verändert, Berlin 2014
[90] Christoph Kucklick (2014), S. 199
[91] Ebd., S. 200f.

Maschine, sondern auch zwischen Menschen. »Wir werden radikal vereinzelt, singularisiert – diese Unterschiede werden wiederum sozial zugespitzt und verwertet«, was wohl Ent-Bürgerlichung im Sinne von Kurt Heinrich bedeutet.

Kommen wir zum zweiten Merkmal, dem *irritierbaren* Menschen. Kucklick zitiert die Erfahrungen des Personalchefs von Google, Laszlo Bock, welcher ideale Typ Mitarbeiter im Umgang mit intelligenten Maschinen gebraucht wird. Die formale Expertise der Moderne ist nicht mehr gesucht, die Unternehmen suchen nach dem »Noch-Nicht-Erfundenem«. Bock (so Kucklick) sagt: »Wir brauchen Leute mit Lust darauf, Antworten auf Fragen zu haben, die keine offensichtlichen Antworten haben.« Und daraus schließt Kucklick: »Es geht also nicht mehr (...) darum, bekanntes Wissen miteinander zu verknüpfen und daraufhin Lösungen zu schmieden, sondern sich jenen Fragen zuzuwenden, für die es keine Lösungen gibt, außer man erfindet sie. Deswegen ist nicht der Wissende, sondern der Unwissende gefragt, nicht derjenige, der auf einen Fundus an gesicherten Erkenntnissen zurückgreift, sondern der diesen Fundus jeweils situativ neu zusammenstellt.« Und – Bock weiter zitierend: »Das Entscheidende ist die Fähigkeit, ständig dazu zu lernen. Die Fähigkeit, disparate Informationspartikel zusammen zu bringen.« Und weiter Kucklick: »Darin besteht die granulare Begabung schlechthin. Sie erfordert nicht ein gesteigertes Wissen, sondern eine gesteigerte Irritierbarkeit, um sich von Dingen und Situationen anregen zu lassen und ergebnisoffene Prozesse zu starten. Die Irritation durch den Kommunikationsüberschuss auszuhalten und kreativ zu wenden, ist die neue Kernkompetenz«[92] – der Ent-Bürgerlichen oder Quasi-Bürgerlichen vermuten Kurt Heinrich und der Autor. Interessant sind in diesem Zusammenhang drei Beispiele. Die vom Literaturwissenschaftler Stephen Ramsay gestellte Frage, »ob es nicht klüger wäre, einem »Screwmenentical Imperativ« zu folgen: Es ist sinnvoller, viele neue Bücher zu lesen und zu schauen, wie man Verbindungen zwischen

---

[92] Ebd., S. 210

ihnen sieht, als sich auf eine Liste von wenigen Büchern zu beziehen«[93]. Dieser Hinweis erinnert mich an meine eigene Arbeitsweise bei interdisziplinären Lese-Recherchen. Das zweite Beispiel ist in einem Artikel »Out of Sindelfingen«[94] über die irritative Arbeitsweise von deutschen Automobilunternehmen im Silicon Valley zu finden. Schließlich erinnere ich mich an einen jungen Mann aus unserer weitläufigen Verwandtschaft, der zwar wissender Akademiker ist, aber un-akademisch und unwissend in einer amerikanischen Großbank gearbeitet hat und die die oben angesprochene granulare Begabung besitzt, »disparate Informationspartikel zusammenzubringen« und damit in wenigen Jahren ein zweistelliges Millionenvermögen in »ökonomischer Ungleichheit« erworben hat.

Wenn wir nach den verteilten und irritierbaren Eigenschaften des granularen Menschen jetzt auf das Spielerische kommen, so handelt es sich – wie zu erwarten – um Computerspiele und wer wir beim Spielen in der granularen Gesellschaft sind. Wie unterscheiden sich nichtdigitale von digitalen Spielen? Die altbekannten nichtdigitalen Spiele »beruhen auf der Übereinkunft der Spieler über die Regeln, deren Befolgung sie selbst durchzusetzen haben. Das Spiel selbst kann nicht für die Einhaltung der Regeln sorgen.«[95] »Regeln in (digitalen) Computerspielen werden nicht vereinbart, sondern fest programmiert. Sie sind Vorgaben, keine Übereinkünfte.«[96] Computerspiele laden dazu ein, die Regelwelt des Spiels zu erkunden und herauszufinden, worin sie genau besteht: aus Spielen wird Suchen – und Versuchen. Es geht nun nicht mehr darum, vorab die Regeln festzulegen, sondern im Gegenteil: keine der Regeln vorab zu kennen und erst im Spielverlauf herauszubekommen, worauf man sich eingelassen hat, ... um daraus eine Lösung fürs Weiterkommen zusammenzubas-

---

[93] Ramsay, Stephen: The Hermenentics of Screwing Around. Playing with Technology in History, Konferenz 2010, zitiert nach Christoph Kucklick (2014), S. 11
[94] Geiger, Thomas: Out of Sindelfingen, in: Welt am Sonntag vom 11. Oktober 2015, S. 70 (Motor)
[95] Christoph Kucklick (2014), S. 11 und 210
[96] Ebd., S. 217

teln.« Das entspricht der vom Google-Personalchef geforderten Kompetenz »disparate Informationspartikel« ohne offensichtliche Lösung zusammenzutragen und herauszufinden, wie das Spiel gespielt wird. »Der granulare Mensch ist also ein spielender Mensch, weil er so die granularen Maschinen am besten begreift.«[97] Auf diese Weise – so Kucklick – verbünden sich die Menschen nicht gegen die (denkenden, HUB) Maschinen, sondern mit ihnen. Beide stacheln sich gegenseitig zu Höchstleistungen an (Koevolution).«[98] Auf die bisher von Kucklick sympathisch referierten drei granularen Eigenschaften *verteilt, irritiert* und *spielerisch* folgt die vierte und letzte, die Wirklichkeit auflösende Eigenschaft, als positiver Schlusspunkt, die Kucklick unberechenbar *empathisch* nennt. Nach seiner Ansicht »helfen uns die granularen Digitaltechnologien, tiefer in die Gefühlslagen der anderen einzudringen«. Die Vertreterin von »Empathie beruht auf gefühlter Nähe«, Ute Frevert, »und die lässt sich per Mausklick herstellen«[99], nennt als Empathie erzeugende Digitaltechnologien: Skypen, Facebook, SMS, E-Mail, WhatsApp-Botschaften – das Phänomen *ambient awareness*, etwa als »digitale Sensibilität« übersetzt. Interessant ist auch, dass Kucklick in den digitalen Technologien des Schreibens eine »empathiefördernde Entwicklung« sieht. Das Institut für Demoskopie in Allensbach fand heraus, dass die Teenager und Twens heutzutage deutlich mehr und häufiger schriftlich kommunizieren (SMS, E-Mails) als die älteren Generationen mit Briefen es getan haben. Kurt Heinrich und ich haben die zwischenmenschliche Kommunikation auf handschriftlichem Wege stets für empathischer gehalten. Ich schreibe auch heute noch wenigstens die Anrede und die Grüße handschriftlich und gehöre damit offensichtlich – wie auch meine Frau – zu den exclusiven »Splitterbürgern«.

Die Vorstellung eines weiteren »Schritt über uns hinaus«, den Thesen von Erik Brynjolfsson und Andrew McAfee, schließt an unsere Zitate

---

[97] Christoph Kucklick (2014), S. 218–220
[98] Ebd., S. 223
[99] Frevert, Ute: Empathie lässt sich auch als Mausklick herstellen. In: GDI Mai 2013, zitiert nach Christoph Kucklick (2014), S. 227f.

und Kommentare zur granularen Gesellschaft an. In ihrem Buch »The Second Machine Age«[100] (Deutscher Wirtschaftspreis 2015) interpretieren sie antizipativ die nächste digitale Revolution. Wir versuchen, nur einige wichtige Gedanken zu begreifen, die auch Herbert Henzler[101], der ehemalige McKinsey-Chef Europe, in einem Vorwort kommentiert und die er dem optimistisch geschriebenen Buch mit seinem Fokus auf den US-Markt und die US-Lehrmeinungen zuordnet. Seiner Deutung schließt sich auch der ausführliche Kommentar von Torsten Rieck und Regina Krieger[102] an, die zum Beispiel folgende Fragen an die Autoren Brynjolfsson und McAfee stellen: Wo sehen Sie die größten Risiken der digitalen Revolution? Brauchen wir ein Sicherheitsnetz für alle, die sich dem Wandel nicht so schnell anpassen können? Wo wird der Mensch noch gebraucht, was können Roboter und Computer nicht übernehmen? Sind unsere Regierungen und Staaten für die digitale Revolution gerüstet? Wird es eine Fortsetzung von »The Second Machine Age« geben?

Wir nennen noch folgende Überschriften und Stichworte der nächsten digitalen Revolution, ohne ausführliche Erläuterungen; sie sind den jüngeren Experten bekannt, dem älteren Laien meist unverständlich. Die Sprengung des metrischen Systems durch die Datenexplosion (Big Data), das Moore'sche Gesetz und die zweite Hälfte des Schachbretts (exponentielle Macht und Reichweite), die dritte Ebene der Digitalität – nach navigativen digitalen Karten und GPS-Standort-Informationen -, nämlich die sozialen Daten für die *Waze*-Nutzer. Einen besonderer Aspekt widmen die Autoren der Innovation: Nimmt sie ab oder formuliert sie sich neu? Beide Autoren sehen Grenzen des Wachstums durch Neukombination, ein »Rekombinationsphänomen« genannt. »Wenn die Zahl der Bausteine (Informationspartikel, HUB) explodiert, besteht

---

[100] Brynjolfsson, Erik / Andrew McAfee: The Second Machine Age. Wie die nächste digitale Revolution unser aller Leben verändern wird. Kulmbach 2014
[101] Henzler, Herbert: Vorwort zu »The Second Machine«, S. 7f.
[102] Riek, Torsten und Regina Krieger: Die Zukunft rollt auf uns zu wie ein Lastwagen und Die nächste Revolution, in: Handelsblatt vom 16./17./18. Oktober 2015, S. 52–59

die größte Schwierigkeit darin zu erkennen, welche Kombinationen daraus jeweils von Wert sind.« Der Ökonom Martin Weitzmann entwickelte zum Beispiel in seiner Abhandlung »Recombinant Growth« ein »mathematisches Modell einer neuen Wachstumstheorie, in dem die »Fixdaten« einer Volkswirtschaft mit der Zeit durch Wissenselemente angereichert werden, die er als »seed ideas«, also »Ideenkeime« bezeichnet.[103]

Nachdem wir einiger positive Meinungen zu den digitalen Maschinen und Medien gesehen haben, gibt es auch zahlreiche miserable Zeugnisse: Manfred Spitzer, ein bekannter Hirnforscher, warnt vor immensen Gefahren, »denn bei intensiver Nutzung (von Computer, Smartphone und Internet, HUB) baut unser Gehirn ab«. Spitzer nennt diese Entwicklung »Digitale Demenz«, weil durch das Googeln, Surfen, Chatten und Posten »geistige Arbeit ausgelagert wird«. Und da man zum Beispiel »denken lässt«[104] und Fragen vom Computer beantwortet werden, anstatt selbst zu lesen und zu denken.

Kurt Heinrich würde diese digitale Ent-lastung von bürgerlichen Merkmalen, wie Gedächtnis (Gedichte auswendig lernen), Erinnerung (Geschichte nicht vergessen), Aufmerksamkeit (Konzentrationsdefizite beziehungsweise Zuhören, Lesen u.a.) wohl überwiegend als ent-bürgerlichte Sprach- und Lernstörung, Stress oder Depression sehen, so wie Manfred Spitzer, und nicht wie manche Bildungspolitiker, die den hohen Wert des Lehrnutzens von Computerspielen preisen.

Andererseits lässt sich Folgendes nicht leugnen: »Ist ein Algorithmus erst digitalisiert, lässt er sich nahezu kostenlos replizieren und an Millionen von Nutzern weitergeben«, ein positives Beispiel, wie die digitale Technologie das wirtschaftliche Handeln und das normale Verhalten des Bürgertums verändert.

---

[103] Erik Brynjolfsson (2015), S. 101
[104] Siehe hierzu Spitzer, Manfred: Digitale Demenz. Wie wir uns und unsere Kinder um den Verstand bringen. München 2012, S. 8, 16 und S. 185ff.

An dieser Stelle soll auch die Kritik des Anti-Neoliberalen Colin Crouch durch Big Data genannt werden, deren Logik der Kennziffern zu einem Diktat der (granularen, HUB) Informations- und Kommunikations-Technologie (IKT) würden: Die zentrale These von Colin Crouch lautet: »Der Neo-Liberalismus sei ein Feind des Wissens.«[105] Und er argumentiert gegen das neoliberale britische »New Public Management, welches das Tun der Beschäftigten des öffentlichen Dienstes stärker an (...) Kennziffern (der digitalen Maschinen, HUB) als an ihrem Berufsethos ausrichten«.[106] Dadurch würde eine zentrale Ressource der Bürger auf der Strecke bleiben: das Wissen.

Kommentar: Kurt Heinrich würde wahrscheinlich diese These, als treuer Beamter, nicht akzeptieren. Wenn wir jedoch Christoph Kucklick folgen, ist in der digitalen Welt nicht der Wissende, sondern der Unwissende gefragt.

Wir haben als »Schritte über uns hinaus« als zweites Thema »Die 4. Revolution. Wie die Infosphäre unser Leben verändert«, die Thesen des Oxford-Professors Luciano Floridi bereits angekündigt. Seine Argumentationen beruhen auf der Zwischenstellung der Technologien der ersten bis dritten Ordnung. »Eine Axt zum Holzspalten ist heute noch genauso eine Technologie erster Ordnung zwischen einem Menschen, dem Anwender, und dem Holz, dem Auslöser.«[107] Zu erinnern ist hier an das Splittern, das wir oben für das Wesen des »Splitterbürgers« bereits gedeutet haben. Technologien zweiter Ordnung des *homo faber* beziehungsweise *homo technologicus* sind jene, die Anwender ... mit anderen Technologien verknüpfen, um der Auslöser anderer Technologien sind.«[108] (Beispiel ist der Motor). Und Floridi begreift einen revolutionären Leistungssprung dritter Ordnung wie folgt: »Technologie nämlich beginnt exponentiell zu wachsen,

---

[105] Crouch, Colin: Die bezifferte Welt. Wie die Logik der Finanzmärkte das Wissen bedroht, Berlin 2015, S. 13 (Original: The Knowledge Corrupters Public Life, Cambridge 2015)
[106] Ebd., S. 152
[107] Luciano Floridi (2015), S. 46
[108] Ebd., S. 47

sobald sie in ihrer Zwischenstellung Technologie-als-Anwender und Technologie-als-Auslöser verknüpft ...«[109] Floridi: »Die nächste Revolution wird nicht der vertikale Aufstieg einer noch unbekannten neuen Technologie sein (wie die erste, zweite und dritte Ordnung, HUB), sondern horizontal verlaufen. Denn sie wird im Zeichen einer totalen Vernetzung stehen, die Vernetzung von allem mit allem (a2a; anything to anything), nicht nur der Menschen untereinander. Die Technologien dritter Ordnung (einschließlich des Internets der Dinge) sind ... daher, uns, die schwerfälligen menschlichen Zwischenwesen, aus der Schleife zu entfernen. In einer defragmentierten und vollintegrierten Infosphäre wird die unsichtbare Koordination der Geräte ... reibungslos funktionieren.« Floridi geht so weit, zu behaupten, dass »technologische Verhältnisse dritter Ordnung zur notwendigen Bedingung für Entwicklung, Innovation und Wohlstand (der Bürger, HUB) werden: »die ultimative Technologie dritter Ordnung eine Informations- und Kommunikationstechnologie.«[110] Die Schnittstellen sind ein bekanntes Problem (auch in der Betriebswirtschaftslehre), welches Luciano Floridi mit der Metapher des zweigesichtigen römischen Gottes Janus elegant für zweigesichtige IKT (Informations- und Kommunikationstechnologie) erläutert, indem er Janus zum Gott der Schnittstellen erklärt: »Ein Gesicht unserer zweigesichtigen IKT schaut auf den Anwender und es soll ein freundliches sein. Das andere Gesicht verbindet die betreffende Technologie mit ihrem Auslöser«, was er mit »Protokoll« bezeichnet, einem Begriff der Computersprache für »standardisierte Regeln der Datenübertragung.«[111] Die Datenübertragung und das *Modulieren* und *Demodulieren* – analoge Signale in digitale Signale und umgekehrt – über eine Reihe von Protokollen wird »Handshaking«[112] bezeichnet, das wir normalerweise als ein Symbol in der bürgerlichen Gesellschaft zwischen Freunden und auch Feinden auslegen würden.
Wir kommen nun zum Kern der Thesen von Luciano Floridi, die im

---
[109] Luciano Floridi (2015), S. 50
[110] Ebd., S. 52f.
[111] Ebd., S. 56
[112] Ebd., S. 58

Buchtitel »Wie die Infosphäre unser Leben verändert«, im Kontext zu unserer Absicht, die Veränderungen der Bürgerlichen Gesellschaft – wir erinnern an Kurt Heinrichs Ent-Bürgerlichung – zu beobachten und mit den Thesen von Wissenschaftlern zu beweisen.

Im Kapitel »Raum-Infosphäre« finden wir seine Deutungen: »IKT verändern die Wirklichkeit und damit das, was wir dafür halten, von Grund auf, indem sie sie in eine Infosphäre umwandeln. Infosphäre ist ein Neologismus, der in den 1970ern (als *infophere*) geprägt wurde. Er ist dem Ausdruck »Biosphäre« nachgebildet, mit dem wir jenen beschränkten Bereich auf unserem Planeten bezeichnen, wo Leben möglich ist. Der Begriff der Infosphäre entwickelt sich schnell. *Eng gefasst* beinhaltet er die gesamte informationelle Umwelt, die von sämtlichen informationellen Entitäten ihren Eigenschaften, Interaktionen, Prozessen und Wechselbeziehungen gebildet wird. Es ist dies eine Umwelt, die einen Vergleich mit dem Cyberspace erlaubt, sich jedoch insofern von ihm unterscheidet, als dieser gewissermaßen nur einen ihrer Unterbereiche darstellt, da die Infosphäre außerdem den Offline- und den analogen Informationsraum mitumgreift. *Weit gefasst* ist die Infosphäre ein Begriff, der sich auch synonym mit Wirklichkeit verwenden lässt, wenn wir Letzere informationell auffassen. In diesem Fall ließe sich sagen, was wirklich ist, ist informationell, und was informationell ist wirklich. In ebendieser Entsprechung liegt die Wurzel einiger der tiefgreifendsten Wandlungen und schwierigsten Probleme, die im Zusammenhang mit der Technologie demnächst auf uns zukommen werden.

Den deutlichsten Ausdruck findet die von der IKT bewirkte Umwandlung unserer Welt in eine Infosphäre im Übergang vom analogen zum digitalen Raum und dann in der ständigen Ausweitung des informationellen Raums, in dem wir mehr und mehr Zeit verbringen. Beide Phänomene sind bekannt und bedürfen keiner weiteren Erläuterungen, dennoch scheint mir eine kurze Anmerkung nicht unangebracht. Die radikale Umwandlung ist auch auf die fundamentale Konvergenz zwischen digitalen Werkzeugen und digitalen Ressourcen zurückzuführen. Die Werkzeuge (Software, Algorithmen, Datenbanken, Kommunikationskanäle und Protokolle etc.) sind nun von Grund auf genauso beschaffen wie ihre Ressourcen, die Rohdaten, die bearbeitet werden, und darum völlig kompatibel mit ihnen. Bildlich gesprochen ist es ein bisschen so, als stünden für den Transport von Wasser Pumpen und Rohrleitungen aus Eis zur Verfügung: H_2O ist es in jedem Fall. Wenn Sie daran Zweifel haben, bedenken Sie, dass es unter physischen Gesichtspunkten unmöglich wäre, auf der Festplatte Ihres Computers Daten und Programme voneinander zu unterscheiden: *Digits,* also Ziffern, sind es in jedem Fall.«[113] In diesem längeren Zitat finden wir den Satz »was wirklich ist, ist informationell, und was informationell ist, ist wirklich«, den Luciano Floridi nach Georg Wilhelm Friedrich Hegel (1770–1831) umformuliert hat: »wonach, was vernünftig ist, wirklich, und was wirklich ist, vernünftig ist.«[114] Für unseren Fokus, die Bürgerlichen, sind wohl noch die mögliche Beeinflussung der Privatsphäre durch die *Informationelle Reibung* und die *Ermächtigung* durch die IKT zu erwähnen.

»Informationelle Reibung bezieht sich auf die Kräfte, die sich dem Informationsfluss innerhalb einer Region der Infosphäre widersetzen. Sie ist verbunden mit der Höhe des Aufwandes, den ein Akteur zur Erwerb, Filtern oder Blockieren von Informationen über andere Akteure ... erbringen muss, indem er die informationelle Reibung verringert, modelliert oder erhöht.

Ermächtigung tritt in zwei Spielarten in Erscheinung. Ermächtigung kann »Chancengleichheit« bedeuten: dies ist die Ermächtigung als *Einbeziehung* in den Entscheidungsprozess, statt Ausgrenzung, Ausschließung oder Ungleichbehandlung. In diesen Zusammenhang gehört, wenn von der Ermächtigung der Frauen oder von Minderheiten die Rede ist. Dann gibt es Ermächtigung im Sinne eines *»Mehr an Möglichkeiten«*. Dies ist Ermächtigung als Verbesserung von Quantität und Qualität der verfügbaren Wahlmöglichkeiten (zum Beispiel Verbraucher-Erfahrungen oder Interaktionen).«[115] Luciano Floridi zeigt in seinen Thesen, dass in ei-

---

[113] Luciano Floridi (2015), S. 64f.
[114] Ebd., in den Anmerkungen, S. 289
[115] Luciano Floridi (2015), S. 153

ner vierten Revolution durch die IKT die Trennung zwischen *online* und *offline* schwindet, denn wir interagieren zunehmend mit smarten, responsiven Objekten, um miteinander zu kommunizieren. Informations- und Kommunikationstechnologien in einer Infosphäre lassen uns immer mehr ein »Onlife« leben. Sie bestimmen ..., wie wir einkaufen, arbeiten, für unsere Gesundheit vorsorgen, Beziehungen pflegen, unsere Freizeit gestalten, Politik betreiben und sogar, wie wir Krieg führen.«[116]

Die beiden oben geschilderten Thesen über »The Second Machine Age« von Erik Brynjolfsson/Andrew McAfee und »Die 4. Revolution« von Luciano Floridi sind mit dem Tenor von Robert Spaemann »Schritte über uns hinaus« geschrieben und kommentiert worden.

Wir schließen unsere fiktiven Gespräche über die zu erwartenden Schritte mit Kurt Heinrich in einer Art »Peer Review«[117] mit zukunftsgerichteten Perspektiven über unsere drei dechiffrierten Bürgertypen *Moderner, Legitimer Bürgerlicher* (Typ 1), *Ent-Bürgerlichter* Delegitimer Ex-Bürger (Typ 2) und *Postmoderner Hybrid-Bürger* (Typ 3), die in einer Matrix zusammengefasst sind. In einer zweiten Übersichtsfolie versuchen wir, das Ende der bürgerlichen Normalität[118] mit einer Umformulierung der drei Bürgertypen mit partizipativen, digitalen, granulierten und hybriden Merkmalen quasi als alternative »Splitterbürger« zukunftsfähig zu deuten.

---

[116] Luciano Floridi (2015), S. 191ff.
[117] Lenzen, Manuela: Wissenschaftssimulationsspiel (Junge Akademie Berlin), in: FAZ vom 9. September 2015, S. N4
[118] Hierzu Steingart, Gabor: Das Ende der Normalität. Nachruf auf unser Leben, wie es war, München 2011

	Vertrauen und Misstrauen als harte Schale und weicher Kern des Bürgertums		
1. Bürgertypen	Moderner, Legitimer, Bürgerlicher (Typ 1)	Ent-Bürgerlichter Delegitimer Anti-Bürger (Typ 2)	Postmoderner, Hybrid-Bürger (Typ 3)
	Bürgertum: Gesamtheit aller Bürger, durch Besitz, Bildung und konservative Geisteshaltung gekennzeichnete mittlere und obere Gesellschaftsschicht (Elite); heute die wirtschaftliche und sozial führende Schicht der bürgerlichen Gesellschaft.	Als ehemaliger Typ 1 aus Bürgertum ausgeschiedener, enttäuschter *Ent-Bürgerlichter* (i. S. Kurt Heinrich), der gegen Bürgertum kämpft, autistisch und unfähig ist, zwischen Zerstörung und Selbstzerstörung zu unterscheiden und an »molekularen« (H. M. Enzensberger) bis terroristischen Bürgerkriegen teilnimmt.	*Fiktiver* (Als-ob-) *Bürger*, dessen *difference* zum spätbürgerlichen Typ 1 durch seine Digitale Bürgerlichkeit nach dem Hybrid-Prinzip geprägt ist.
2. Ordnungsprinzipien	Bürgerliche Ordnungsprinzipien: *Legalität* *Solidarität* *Subsidiarität* *Tugend*	Regelbrüche bis *Anti-bürgerliches Chaos*: Erodierte asoziale Ordnungsprinzipien	*Digitale Mächtige* schaffen eigene Ordnungsprinzipien mit hybriden *Verhaltens-Codes*
	Konservative Legitimation als *Staatsbürger* (Bewohner eines Staates)	*Staatenlos* gewordener Staatsbürger (mit legitimer Staats-Bürgerschaft)	*Fiktiver Staatsbürger* oder doppelter legitimer Staatsbürgerschaft

3. Bürgerliche Identitäten	»Je reste Charlie« (Gerard Biard, Chefred. Charlie Hebdo)	Ex-Bürger, aber Bundesbürger	Digitaler Bürger Hybrides Kultur-Subjekt
		Migrant	
	Ich bin Bürger – *Ich bleibe Bürger*	*Normaler Bewohner* eines Staates	Zweigesichtigkeit Janusköpfigkeit
	Bundesbürger Staatsbürger	Flüchtling Asylant	Neue Elite Vorbildlicher Bundesbürger
	Normaler Bewohner eines Staates	Neubürger Tolerierter Bundesbürger	
	Altbürger Klein-/Großbürger Peer Society/Elite Restbürger	Fremder: Misstrauen	*Globaler* Bewohner / Nomade Fremde – Annäherung und Ausgrenzung
	Einheimischer Vertrauen und gesundes Misstrauen	Unglaubwürdigkeit	*Creative Class*
	Bürgerschaft		
	Glaubwürdigkeit	Diskontinuität Ohne Eigentum Keine Erblasser	Ambivalenz (Sowohl-als-auch)
	Kontinuität Eigentum Erbe (materiell/immateriell)		

4. Zukünftige Lebensform / Geistige Haltung	Vertrauen als Kern, Misstrauen als Schutz Solidarität > Subsidiarität	Misstrauen als Kern und Schutz »Anything goes«	Hybrid aus Vertrauen / Misstrauen Alternativlosigkeit »Es kommt darauf an«
»Schritte über uns hinaus« (Robert Spaemann)	Mitte und Maß › (Aristoteles / Münkler) Entweder – Oder < Legalität < Angstbürger > »Schlafwandler« >	Weder – Noch > Illegal, »Scheißegal« < Asymmetrische Bürgerkriege (Münkler) Wutbürger >	Ästhetisch-ökonomische Verhaltenskultur Sowohl-als-auch Hybrid aus Recht und Rechtsbruch Angst vor Muslim-Migranten: Hasskultur Angst vor Terror /IS): Sicherheitskultur
			Selfie-Transparenz als Existenzrisiko Sinkende echte zugunsten fiktiver (Internet) unbegrenzter Freundschaften
			Unlimitierte globale digitale Transparenz – nur begrenzt durch Fire-Walls schutzfähig – führt zu wachsender Normalität höherer Risikobereitschaft und Verwundbarkeit
	Neue Normalitäten von Werte-Codes	Neue Normalitäten Antibürgerliche Codes	Neue Normalitäten von Werte-Codes (Mischung Typen 1,2,3)

Wir stellen selbstkritisch im Sinne von Kurt Heinrich – folgende sieben Fragen, für die wir eine richtige oder vielleicht falsche[119] Antwort zu geben versuchen:

- Kann Vertrauen (ebenso wie Misstrauen) als harte schützende Schale dazu dienen, einen weichen verletzbaren Kern des Bürgertums zu erhalten und welche Folgen hat ein Vertrauensverlust?
- Sind unsere Erinnerungsversuche über eine Ent-Bürgerlichung und unsere kritischen Vermutungen über die Entwicklung der Bürgerlichen verifizier- oder falsifizierbar, speziell die drei aufgebotenen bürgerlichen Typen?
- Gewinnt die menschliche Grundemotion Angst im Bürgertum an Bedeutung, weil wir als *Angstbürger* uns vermehrt mit Sicherheit und Risiko beschäftigen?
- Ist Luciano Floridis These wirklichkeitsnahe oder zumindest richtig vorausgedacht? Die nächste Revolution wird nicht der vertikale Aufstieg einer noch unbekannten neuen Technologie sein, sondern horizontal verlaufen. Denn sie wird im Zeichen der totalen Vernetzung stehen, der Vernetzung von allem mit allem (a2a; anything to anything).
- Und eine zweite These von Luciano Floridi: Wird die Trennung von online und offline verschwinden beziehungsweise sich granular auflösen, sodass wir nur noch online leben werden? Wird es eine Generation AO (Always Online) geben?
- Offen bleibt auch die Frage: Wie richtig oder falsch werden die drei Bürgertypen und ihre Umformulierungen zu Quasi-Normal-Bürgern durch differenzierte Wertesystem der Rekombinationen sein?
- Schließlich noch eine letzte offene Frage: Wie werden sich die maschinelle Intelligenz (ASIMO-Roboter)[120] und maschinelle Gefühle

---

[119] Lenzen, Manuela: Hierzu mit einer amerikanischen philosophischen Erkenntnis: »Das ist nicht nur nicht richtig, es ist noch nicht einmal falsch.«
[120] Kaku, Michio: Die Physik der Zukunft. Unser Leben in 100 Jahren, Reinbek bei Hamburg 2013

(Avatars)[121] der Roboter in den nächsten 50 oder 100 Jahren entwickeln?

Die erste Frage, ob Vertrauen eine Schutzfunktion für bürgerliche Verhaltenscodes bilden kann, ist stets zu bejahen, so lange der Bestand der Binde- und Trennkräfte des Vertrauens beziehungsweise gesunden Misstrauens gesichert ist. Langjährig aufgebautes Vertrauen mit starken Bindekräften kann sehr rasch verloren gehen, wie das Beispiel VW[122] (Fälschung der Dieselabgaswerte 2015) zeigt. Das Bürgertum und die bürgerlichen, ent-bürgerlichten und quasi-bürgerlichen Finanzinvestoren haben einen großen Teil ihres Vertrauens zum *German Engineering,* für das VW weltweit steht, plötzlich verloren. Das sind verheerende Folgen für bürgerliche Bindekräfte des Vertrauens in die deutsche Technik, nämlich Glaubwürdigkeit, Qualität und Verlässlichkeit, was zu einer Börsenwert-Vernichtung von VW innerhalb von zwei Tagen (21./22 September 2015) von rund 20 Milliarden Euro führte (»Schwarzer Schwan«!)[123] mit anhaltendem negativen Trend. Offensichtlich gilt die bereits zitierte These von Talleyrand immer wieder: Loyalität (Vertrauen oder Glaubwürdigkeit) ist eine Frage des Zeitpunktes.

Die zweite Frage nach der Realität und Wahrhaftigkeit unserer Erinnerung an unsere eigenen Erfahrungen mit den drei Kategorien von Bürgerlichen können wir ebenfalls nur relativ mit einem Ja beantworten. Wir haben in unserem fiktiven Gespräch mit Kurt Heinrich zahlreiche Testimonials aus Theorie und Praxis angeführt, selbstverständlich

---

[121] Röben, Katharina: Liebe in den Zeiten des Avatars, in: Welt am Sonntag vom 25. Oktober 2015, S. 48. Dazu vor allem: Walker, Martin: Germany 2064. Ein Zukunftsthriller, Zürich 2015
[122] Dazu Ulf Poschardt: Winterkorns Verantwortung, in: Die Welt vom 22. September2015, S. 1 und Holger Appel: Der VW-Skandal, in: FAZ vom 22. September2015, S. 1 (Leitartikel)
[123] Dazu auch M. Fasse, T. Jahn, M. Murphy, L.Bay et al: Schmutzige Geschäfte. Tarnen, Tricksen, Täuschen, in: Handelsblatt vom 22. September 2015, S. 4–7 und zahlreiche Pressehinweise in FAZ, Spiegel, Wirtschaftswoche, FOCUS, Neue Züricher Zeitung und so weiter.

auch Kritiker. Insgesamt halten wir jedoch unsere drei bürgerlichen Kategorien für relativ richtige Vermutungen. Soziologisch geprägte Wissenschaftler werde sicherlich unser falsches oder fehlendes Wissen feststellen. Wir hoffen jedoch, dass vielleicht unseren Erfahrungen von fluiden und hybriden Konstellationen zwischen den verschiedenen bürgerlichen Typen zugestimmt werden kann.

Kurt Heinrich und ich haben selbstverständlich professionelle Lücken, um uns mit Philosophieprofessoren, zum Beispiel mit Bruno Latour oder Volker Gerhardt und deren gesellschaftlichen und politischen Theorien in einen wissenschaftlichen Diskurs zu wagen. Der französische Soziologe Bruno Latour plädiert zum Beispiel nach einer Parole aus alter Zeit »Man muss die Gesellschaft verändern!« für »eine neue Soziologie für eine neue Gesellschaft«.[124] Er weist darauf hin, dass ein gesellschaftliches Konzept eine »unveränderliche Entität« vertrete, eine andere sei die Gesellschaft »notwendig stabil«. Unsere drei bürgerlichen Typen spiegeln wahrscheinlich verifizierbar diese Assoziationen wider.

Der Berliner Professor Volker Gerhardt[125], Mitglied des Nationalen Ethikrates, vertritt die These, dass »Partizipation das Prinzip der Politik« ist. Er bezieht sich auf Aristoteles, der den Bürger (*polites*) so bestimmt: »Der Begriff des Bürgers (polites) wird durch kein Merkmal zutreffender bestimmt als durch die Teilnahme an dem Gericht und der Regierung. So erklären wir denn für Bürger die, die an der Regierungsgewalt teilhaben.«[126] Er plädiert für den Begriff Partizipation (engl./frz. participation = Teilnahme, Teilhabe, Beteiligung) wie folgt: »Wenn das Prinzip des individuellen (ethischen) Handelns die *Selbstbestimmung* des Einzelnen ist, dann ist das politische Handeln ganz und gar auf die *Mitbestimmung* gegründet. Um den Begriff von der betrieblichen Mitwirkung in Wirtschaftsunternehmen

---

[124] Latour, Bruno: Eine neue Soziologie für eine neue Gesellschaft – Einführung in die Akteur-Netzwerk-Theorie, Frankfurt am Main 2014
[125] Gerhardt, Volker: Partizipation. Das Prinzip der Politik, München 2007
[126] Aristoteles (1275a22 und 1275a33) zitiert nach Volker Gerhardt (2007) S. 26

abzugrenzen, spreche ich statt von Mitbestimmung von *Partizipation*. Der Begriff hat den Vorteil, dass er stets das Ganze (totum) ins Bewusstsein rückt (...).« Gerhardt nennt es später »Partizipation eines Ganzen an einem Ganzen in einem Ganzen.« Und er verweist auf die notwendige Präsentation der Partizipation: »(...) das gesellschaftliche Handeln (...) bedarf der *mentalen Vorstellung*, der *szenischen Präsentation* vor anderen sowie der *aktiven Stellvertretung* von Personen.«

Wir versuchen nun, das Prinzip Partizipation am Beispiel der Führungsmacht im aristotelischen Sinne der »Teilhabe an der Regierung« bei VW kritisch zu verifizieren oder zu falsifizieren. Martin Winterkorn, der zurückgetretene Vorstandsvorsitzende von VW, hat den patriarchischen monarchistischen Führungsstil seines Vorgängers und langjährigen Mentors Ferdinand Piëch übernommen und erfolgreich in szenischer Präsentation fortgeführt. Beide haben als »Könige«[127] in Wolfsburg nach außen sichtbar ihre Führungsverantwortung durch autoritäre Selbstbestimmung als Kapitalvertreter (Familien Porsche und Piëch) und Arbeitgeber gemeinsam als mitbestimmende Repräsentanten der bürgerlichen Arbeitnehmer, dem Gesamtbetriebsrats-Vorsitzenden Bernd Osterloh und dem IG-Metall-Chef Berthold Huber sowie dem politischen Repräsentanten (Kapitalvertreter Land Niedersachsen) dem niedersächsischen Ministerpräsidenten Stephan Weil, Corporate Governance partizipativ geteilt. Die Binde- und Trennkräfte dieser partizipativen und kohabitiven Konstellation der elitären Peer-Ebene auf gleicher Augenhöhe sind wohl komplex und für die mitbestimmenden Arbeitnehmer des Middle- und Low-Management nicht immer nachvollziehbar. Die jeweiligen Interessen finden sich in der Bandbreite von allgemeinen ökonomisch-unternehmerischen Interessen bis zu finanziellen Eigeninteressen, die einen sozialen Kitt, aber auch Konflikte bedeuten. Das bereits zitierte »Handelsblatt« vom 28. September 2015 beschreibt dies so: »Stephan Weil – Retter wider Willen, Hans Dieter Pötsch – Vom zweiten Mann zum Aufklärer, Wolf-

---

[127] Siehe Murphy M./Schnell, C./Fasse, M.: »Der Getriebene«, in: Handelsblatt vom 28. September 2015, S. 1 und S. 4–9

gang Porsche – Der Zauderer aus Salzburg, Bernd Osterloh – Offen für Neues, Herbert Diess – Netzwerker in Lauerstellung« in einer Art Interessensplitterung.

Die dritte Frage nach der Angst muss wesentlich differenzierter beantwortet werden. Im bürgerlichen Sprachgebrauch unterscheidet man kaum zwischen Angst (vor etwas Unbestimmten) und Furcht (vor etwas Spezifischem), wobei im Englischen zu *fear* und *anxiety* noch als dritter Betriff »German Angst« (apokalyptische Angst der Umweltpolitik vor Waldsterben, Atom-Gau, Klimawandel) verwendet wird. Wir beziehen uns – wie beim Begriff Vertrauen – auch hier auf Niklas Luhmann, nach welchem Angst das Prinzip ist, das absolut gilt, wenn alle Prinzipien relativ geworden sind.[128] Wir wollen zum Abschluss unserer fiktiven Gespräche nicht in die Epistemologie[129] der Angst einsteigen, sondern nur einige Begriffe der Medienkultur der Angst nennen, wie Angstkultur, Angstmilieu und Angstkommunikation mit den daraus folgenden Gerüchten, Stigmatisierungen, Angstmanagement, virologische Kommunikation und so weiter.

Kurt Heinrich fehlt uns an dieser Stelle mit seinen praktischen Erfahrungen als Mediziner mit der Angst. Wir versuchen in seinem Sinne angemessene Antworten.

Wir greifen drei wichtige Beispiele aus der Vielfalt der Bedrohungen, die uns als Angstbürger ernsthaft beschäftigen: der Islam, die Digitalisierung und die Angst von VW. Wir haben Angst auch vor dem »guten« Islam (Ex-Bundeskanzler Christian Wulff und auch Bundeskanzlerin Angela Merkel), den wir eigentlich als Christen mit Toleranz beggnen sollen. Aber wie müssen wir die wachsende Zahl von Migranten beurteilen (geschätzte 80% Muslime), die von fun-

---

[128] Luhmann, Niklas: Ökologische Kommunikation. Kann die moderne Gesellschaft sich auf ökologische Gefährdung einstellen?, Wiesbaden 2008, S. 158 und Ders.: Vertrauen, Stuttgart 2000
[129] Koch, Lars (Hg.): Angst. Ein interdisziplinäres Handbuch, Stuttgart 2013, S. 5ff und S. 141ff. Siehe hierzu auch Bude, Heinz: Gesellschaft der Angst, Hamburg 2014, S. 11ff.

damentalistischen Salafisten beeinflusst werden, die ihrerseits den »bösen« IS-Terroristen nahestehen? Verfügen wir über angemessene Schutzmaßnahmen (Asyl- und Einwanderungs-Gesetze, Sicherheitsorganisationen und -technologien) vorsorglich nach einer abflauenden »Willkommenskultur«, ohne unsere humane Hilfsbereitschaft zu gefährden? Wir können nur hoffen, dass die Angst vor terroristischer Unsicherheit (Ereignis 13. November 2015 in Paris) durch eine Sicherheitspolitik der De-Radikalisierung wieder mit einer wachsenden Sicherheit vor Freiheit zu neuen Normalität und die Solidaritätsadressen zu Handlungen führen werden.

Wir haben bereits auf die Chancen und Risiken der Digitalisierung (Google I und II) relativ ausführlich hingewiesen. So bleibt uns noch, besonders auf die Angst oder besser die Furcht vor wachsenden politischen, wirtschaftlichen und privaten Ausspähungs-Risiken hinzuweisen, die durch eine digitale »Revolution in Lichtgeschwindigkeit«[130] zu höherer legaler und illegaler Transparenz geführt hat und noch führen wird. Der Umgang mit der Digitalisierung und auch der Gefahr durch Cyberkriminelle wird in Zukunft durch die Position von »Chief Digital Officers« in Unternehmen verbreiten werden, sagt Cornelius Baur.

Schließlich zeigen sich im Zusammenhang mit der VW-Krise 2015 Angst Konstellationen auf allen Hierarchie-Ebenen des »VW-Systems«. Martin Winterkorn hat sicherlich Angst vor der Justiz (arbeits-, zivil- und strafrechtliche). Sein Nachfolger Mathias Müller wird von den Medien »Getriebener« genannt, der die »Ängste in Amerika« (VW-Händler), die Angst um die »Kraft der Marke«[131], den nicht antizipierten »Reputationsschaden«[132] und das temporär

---

[130] Baur, Cornelius: Eine Revolution in Lichtgeschwindigkeit. Interview mit dem Deutschland-Chef von McKinsey, in: Handelsblatt vom 22. September 2015, S. 20/21
[131] Reinecke, Sven: Kritischer Test für die Kraft der Marke«, in: Handelsblatt vom 28. September2015, S. 8–9
[132] Kühl, Stefan: An VW wird das Falsche kritisiert, in: FAZ vom 28. September 2015, S. 23

ängstliche »hilflose«[133] Verhalten der VW-Spitze bewältigen und Mut beweisen müssen.

Es bleiben noch drei Peer-Fragen, mit denen wir vor allem die bürgerlichen Trennkräfte des Splitterns beweisen wollen, was wahrscheinlich zu »Splitterbürgern« führt. Hierbei spielen aber auch die granularen Eigenschaften und die gestiegenen Fähigkeiten zum Vermessen, insbesondere zum Selbstvermessen des Ichs[134] eines Bürgerlichen eine wichtige Rolle, was zur Vereinzelung führen kann. Diese Evolution zum »a2a«, zum *anything to anything* im Sinne von Luciano Floridi (Frage 4) findet bereits in den Anfängen statt, jedoch wohl granular/auflösend. »Es gibt keine »Terra Nullius«, keine weißen Flecken auf der geistigen Landkarte (…)«[135], die Zygmunt Baumann als »mondo liquido« (flüssige Welt) bezeichnet hat. In den »flüchtigen« oder flüssigen Zeiten fließt alles ineinander über, aufgelöst in winzige Informationspartikel aus Verstand und Gefühl. Die Antwort auf die vierte Frage lautet also Ja, aber. Beweis liefert uns die »Generation Maybe«[136], die Uwe Julius Wenzel eine Generation des »Vielleicht, vielleicht aber auch nicht«[137] charakterisiert. Die Marlboro-Zigarettenwerbung begreift dies bereits so: »Don't be a Maybe«.

Kurt Heinrich würde diese totale Erreichbarkeit als Arzt ambivalent beantworten. Um Leben zu retten, ist die 24-Stunden-Online-Erreichbarkeit wohl positiv zu sehen. Diese Störung des Lebensrhythmus wird aus ethischen Gründen akzeptiert. In dringenden Notfällen der Bedrohung (Feuerwehr) oder Stillstand von Produktionsprozessen (Service-Einsatz) ist diese totale Erreichbarkeit ebenfalls – in moralischen

---

[133] Steltzner, Holger: VW, hilflos, in: FAZ vom 28. September 2015, S. 1
[134] Hierzu auch Frank Schirrmacher: Ego. Das Spiel des Lebens, München 2013
[135] Baumann, Zygmunt: Flüchtige Zeiten. Leben in der Ungewissheit, Hamburg 2008, S. 12
[136] Jeges, Oliver: Generation Maybe. Die Signatur einer Epoche, Berlin 2014
[137] Wenzel, Uwe, Julius: Vielleicht, vielleicht aber auch nicht. Über die Generation Maybe und andere Etiketten des Zeitgeistes, in: Neue Züricher Zeitung vom 29. März 2014, S. 23

Grenzen – zu tolerieren. Problematisch wird es in Stress (Distress)-Situationen, die mit Angst zu tun haben: Angst vor dem Mächtigen in der privaten, wirtschaftlichen oder politischen Informations- und Kommunikationssphäre. Hier geht es um die Bedrohung der Gesundheit von Seele und Geist. Schließlich noch eine Quasi-Antwort auf die Frage, ob Roboter von Menschen so weit programmiert werden können, dass sie nicht nur Intelligenz und Verstand, sondern auch Gefühle besitzen um sich selbst reparieren und reproduzieren zu können. Wenn wir dem japanischen Physiker Michio Kaku Vertrauen schenken und von ihm nicht enttäuscht werden, ist die Wahrscheinlichkeit groß, dass es in 100 Jahren menschenähnliche Roboter geben wird. Michio Kaku zeigt uns den Weg dahin in verschiedenen Schritten: die Zukunft des Computers (Geist über Materie), Zukunft der künstlichen Intelligenz (Aufstieg der Maschinen), die Zukunft der Medizin (Perfektion), Nanotechnologie (alles oder nichts?), die Zukunft der Energie (Energie von den Sternen), die Zukunft der Raumfahrt (zu den Sternen), die Zukunft des Wohlstandes (Gewinner oder Verlierer) und schließlich die Zukunft der Menschheit (Planetare Zivilisationen), die er uns mit einem visionären Tag im Jahr 2100 vorstellt[138].

Eine zweite visionäre Stimme kommt aus der »Denkfabrik« der Management-Beratung A.T. Kearny, die 2014 in Deutschland ihr 50-jähriges Jubiläum gefeiert haben, um aus diesem Anlass in einem horizontalen Netzwerk Zukunftsentwürfe für »50 Jahre später – 2064« zu entwickeln und zu diskutieren. Sie stellten sich fünf Fragen: »Wer werden wir sein? In welcher Welt werden wir leben? Wie werden wir unser Geld verdienen? Was wird aus unserem Unternehmen? Und schließlich: Wie bewegen wir Personen, Güter und Daten?«[139] Diese Fragen berühren unser bürgerliches Immunsystem. Martin Walker

---

[138] Kaku, Michio: Die Physik der Zukunft. Unser Leben in 100 Jahren. Hamburg 2013, S. 8f.
[139] Siehe hierzu den Zukunftsthriller von Martin Walker: Germany 2064, Zürich 2015 (S. 427f.), der diesem Team von A.T. Kearny angehört hat.

hat die Untersuchungsergebnisse diese Visionsversuche auf Empfehlung des Netzwerk-Teams in einen dechiffrierenden Roman gekleidet, der die wissenschaftlichen Konstellationen der digitalen, granularen und hybriden Welt verständlich macht. »Deutschland 2064: Das Land ist in zwei Welten geteilt. High-Tech-Städte mit selbstlenkenden Fahrzeugen und hochentwickelten Robotern unter staatlicher Kontrolle stehen Freien Gebieten gegenüber, in denen man mit der Natur bewusst und in selbstverwaltenden Kommunen lebt.«[140] Martin Walker schildert die Grenzen und Grenzüberschreitungen von totaler Vernetzung und der Hybridität von offline und online als die Janusgesichter zukünftiger Quasi-Bürger, die wir »Splitterbürger« nennen.

Die fünfte offene Frage nach dem antizipativen Verschmelzen von offline und online zu einem »Onlife« ist teilweise schon Wirklichkeit. Die »Generation AO« (Always Online) ist bereits im politischen und wirtschaftlichen Leben eine Realität, die mit der beschleunigten digitalen Datenübertragung, in den räumlichen Grenzen bevölkerungsreicher Ballungszentren funktioniert. Die sofortige Erreichbarkeit auch in der privaten Infosphäre zeigt Vorteile, aber auch irreversible Risiken. Internet-freie Räume in Gebirgstälern u. a. werden zu digitalen Wellness-Räumen.

In seinem Nachwort: Offene Fragen und Anwendungen in der Forschung (zum Thema Vertrauen, HUB) bestätigt der Berliner Professor für Politikwissenschaft Martin Hartmann die Argumente von Niklas Luhmann im Sinne von Misstrauen zum Vertrauen, wenn er sagt: »Die Asymmetrie der beiden Extreme einer analytischen Skala könnte darin bestehen, dass Vertrauen grundlos sein kann, Misstrauen aber durchaus auf einer Entscheidung, die zum Beispiel aus der Erfahrung einer enttäuschten Erwartung resultiert, beruhen kann. Auch in Alltagsinteraktionen werden für Bekundungen von Misstrauen Gründe eingefordert, für Vertrauensbezeugungen dagegen nicht. Misstrauen kann bewusst, intentional und methodisch praktiziert, ja sogar (wie in jedem System von *checks and balances*) institutionalisiert werden, Vertrauen dagegen »ergibt sich«, »stellt sich ein« und ist womöglich

---

[140] Walker, Martin (2015), s.232ff. und Umschlag-Rückseite

die Restmenge (noch) nicht zureichend begründbaren Misstrauens.[141] Wenn Kurt Heinrich und ich *dennoch* in unserem Verhalten zur Proportion Vertrauen: Misstrauen (2/3 : 1/3) neigen – ungefähr nach dem Goldenen Schnitt –, so hinterlassen wir dennoch »Schamlose«[142] 70-/80-jährige Bürger unseren Kindern und Enkeln nur maßlose Staatsschulden, wiederholte Finanzkrisen, unlösbare Umweltprobleme und gesellschaftliche Gefahren/Risiken von Völkerwanderungen und so weiter, aber auch positive »wirkmächtige« Hinterlassenschaften, die Sven Kuntze zu dieser »Mängelliste« in hybrider Verantwortung addiert.

---

[141] Hartmann, Martin/Offe, Claus (Hg.): Vertrauen. Die Grundlage des sozialen Zusammenseins, Frankfurt am Main 2001, S. 368
[142] Hierzu der Fernsehreporter Sven Kuntze (Studium Soziologie, Psychologie, Geschichte): Die schamlose Generation. Wie wir die Zukunft unserer Kinder und Enkelkinder ruinieren, München 2014, S. 241ff.

Offene Fragen von Zukunftsentwürfen des Bürgerlichen: neue Normalitäten?

Wir beenden unsere fiktiven Gespräche über die möglichen Entwicklungen der bürgerlichen Gesellschaft jedoch nicht mit apokalyptischen Visionen, sondern mit dem Versuch, nicht das »Ende der Normalität« und dem Einfallen eines Schwarms von »Schwarzen Schwänen« als die neue Normalität zu beschwören. Wir versuchen nach unseren Verhaltensregeln des vertrauensvollen Dennoch einige Aspekte von Quasi-Normalitäten einer wie auch zu nennenden ent-bürgerlichten oder neuen grenz- oder »splitterbürgerlichen« Gesellschaft zu skizzieren.

Wir versuchen nun vorsichtig, mit zukunftsfähigen Merkmalen und Codes, die wir bereits in der Matrix über Vertrauen und Misstrauen verwendet haben, einen »großen Schritt über uns hinaus« auf dornenreichem Weg durch Kombination und Vernetzung der granularen Informationspartikel über drei Bürgertypen in einen fiktiven »Inforgs« (Informations-Organismus) zu schlüpfen. Wie könnte eine neue Normalität der drei Bürgertypen aussehen? Oder müssen wir noch einen namenlosen Typus hinzufügen, der auf der Metapher vom »Schwarzen Schwan«[143] beruht und von Fragilität, Robustheit und Antifragilität handelt? Wir wollen diese Fragen mit drei Perspektiven beantworten: mit den Deutungen von *normal, quasi* und *antifragil*.

---

[143] Siehe hierzu die drei Bücher von Nassim Nicholas Taleb, 20 Jahre lang Derivaten-Händler einer US-Bank, Professor für Wahrscheinlichkeitstheorie Universität New York: Der Schwarze Schwan. Die Macht höchst unwahrscheinlicher Ereignisse, München 2007; Anti-Fragilität-Anleitung für eine Welt, die wir nicht verstehen, München 2013; Der Schwarze Schwan. Konsequenzen aus der Krise, München 3.A.2014

Offene Fragen von Zukunftsentwürfen des Bürgerlichen: neue Normalitäten?					
Quasi-Normale Bürgertypen	Quasi-Grenz-Bürger (Typ A)	Quasi-Ent-Bürgerlichter (Typ B)	Quasi-Splitter-bürger (Typ C)	No-Name? Anti-Fragilitäts-Bürger? (Typ D)	
Wie werden wir sein?	- Wandel vom Voll- zum Grenz-Bürger - Ultramoderner, Ordnungsprinzipientreuer Einzel-Staatsbürger - Gewinner - Schuldbewusste	- Anti-Bürgerlicher Migrant - Asymmetrische Nomade oder Asylant - Verlierer - Selbstbewusste/ Unschuldige	- Hybrider Partizipativer, granularer in Splitterung verteilter Ich-Bürger - Der *neuverteilte* Mensch, der *irritierbare* u. *spielende* Mensch - Gewinner > Verlierer - Multi-Bewusste	- Anti-fragile Rest-Bürger mit Affinität zu Voll-Robotern (Intelligenz und Gefühl) in hybrider Gemeinschaft Mensch-Roboter - Verlierer > Gewinner - Un-Bewusste - Empathische?	

146 In Anlehnung und Rekombination von Taleb, Nassim Nicholas: Anti-Fragilität. Anleitung für eine Welt, die wir nicht verstehen, München 2013, S. 94f.

Quasi-Normale Bürgertypen	Quasi-Grenz-Bürger (Typ A)	Quasi-Ent-Bürgerlichter (Typ B)	Quasi-Splitter-Bürger (Typ C)	No-Name? Anti-Fragilitäts-Bürger? (Typ D)
Mit welchen Eigenschaften und Ereignissen werden wir leben wollen, zwischen Fragilität – Robustheit oder Anti-Fragilität? Mensch oder und / oder Roboter[146]	Organisch: - Selbstheilung - Braucht Erholung zw. Belastungen - Liebt Zufälligkeit, nicht »Schwarzen Schwan« - Abwesenheit von Stressoren verursacht Muskelschwund - Alterung aufgrund von Nicht-Gebrauch (use it or lose it) - Vergehen der Zeit führt zu Alterung und Seneszenz (körperlicher und geistiger Leistungsverfall) Fazit für Eigenschaften/ Ereignisse: Fragilitäts-Bürger als Basis für Anti-Fragilitäts-Bürger	Zukunftsentwurf hat organische Elemente: Robuster Herkules-Typ A sollte abnormalen Hydra-Typ B das Nachwachsen derer Köpfe verhindern (Anti-Terror-Kampf)	Organisch und Mechanisch: Zukunftsentwurf hoch-komplex durch hybride Kombination aller quasinormalen Typen (A,B,C) eher fragil u. granular auflösend als robust u. antifragil, jedoch »extended mind«	Mechanisch (Roboter): - Wartung, Reparaturen - Kein Erholungsbedarf - Hasst alle Zufälle -Stressoren verursachen Materialermüdung - Alterung durch Gebrauch (use it and lose it) - Vergehen der Zeit führt lediglich zu Seneszenz (Leistungsabbau) Fazit: Hybridität zwischen Mensch und Roboter steigert anti-fragile Eigenschaften und Robustheit gegen höchst unwahrscheinliche Ereignisse.

Quasi-Normale Bürgertypen	Quasi-Grenz-Bürger (Typ A)	Quasi-Ent-Bürgerlichter (Typ B)	Quasi-Splitter-Bürger (Typ C)	No-Name? Anti-Fragilitäts-Bürger? (Typ D)
In welcher Welt werden wir leben?	Ober- und Mittelschicht IKT – Welt (Informations-Kommunkationstechnologie) mit Angst vor »gelenkter« Demokratie (Staatskapitalismus) - Analoge Welt Offline > Online	Unterschicht IKT – Welt Mit Illoyalität Deligitimation Quasi-Freiheit Radikalismus Regelbrüchen - Analoge Welt Offline »Freie Gebiete« für »Erholungspausen« aus Legalität und Ordnung - Solidarität als Ordnungsprinzip	Flache Hierarchie Ober- und Unterschicht IKT – Welt Zwischen Markt- und Staatswirtschaft - Analog und Digitale Welt (sowohl als auch) - Differenzierte Haltung zum Subsidiaritätsprinzip	Ober- und Unterschicht »Schwarzer Schwan«-Welt als Restrisiko/realistischer Zufall zwischen High-Tech-Städten und gesetzlosen »Freien Gebieten«, durch Voll-Roboter geprägte Lebenswelt - Digitale Welt als Leitbild von Sinn und Nicht-Sinn Differenzierte Haltung zu Sozial- u. Subsidiaritätsprinzipien

Quasi-Normale Bürgertypen	Quasi-Grenz-Bürger (Typ A)	Quasi-Ent-Bürgerlichter (Typ B)	Quasi-Splitter-Bürger (Typ C)	No-Name? Anti-Fragilitäts-Bürger? (Typ D)
Was wird normal sein?	- Mut zu normalem Grund-Vertrauen mit Maß der richtigen Mitte - Angst vor wachsendem Misstrauen und Entgrenzungen Überforderung von Macht und Leadership	Abnormität Abnormalität Gegensatz zu Typ A Gefährliche Bürger Amoralische Kontroll-Revolution	Anormale Singularität von alten und neuen Normalitäten der Splitterung Differenz Revolution und Krise der Gleichheit von Arm und Reich	Neue enorme Normalität = das postmoderne Abnormale und Abnormale (von A und B) Intelligenz- und Differenz-Revolution und Krise der Ungleichheit von Mensch und Roboter

Normal[145] bedeutet, was der Regel gemäß ist, der Norm entspricht, was sich in der richtigen Mitte hält. Der Begriff ist zweideutig. Er kann sowohl eine *Tatsache* (deskriptiv, zum Beispiel Gesundheit) als auch einen *Wert* (normativ, zum Beispiel moralisches Mittelmaß) bezeichnen. Die Gegenbegriffe sind anormal beziehungsweise abnormal im Sinne von pathologisch. *Abnorm* heißt, was von der Norm abweicht; *enorm*, was die Norm übermäßig überschreitet, und *anormal* ist die individuelle

---

[145] Siehe hierzu Ritter, H.H.: Normal, Normalität, in: Historisches Wörterbuch er Philosophie, Band 6, Basel/Stuttgart 1984, Sp. 920–928 und Hans U. Brauner/Manfred Osten: Es gilt das gebrochene Wort. Das Ende der Glaubwürdigkeit, München 2013, S. 36ff.

Abweichung von der Norm. Normales Bürgertum oder Bürgerliches ist an deskriptive Legalität, Legitimität oder an normative Moral, Tugenden gebunden, wenn man das Spätbürgerliche (Bürgertyp I/A) als Basis für Tatsache und Wert nimmt. Der Typ II/B Ent-Bürgerlichter wäre als abnorm zu bezeichnen. Der »Splitterbürger« als individuelle Abweichung von der Norm wäre anormal. Zum vierten Typ eines möglichen Bürgerlichen würde wahrscheinlich die Eigenschaft enorm, was nicht nur das Normale (Typ A) sondern auch den abnormen Typ B (Ent-Bürgerlichter) den anormalen Typ C (»Splitterbürger«) übermäßig (ohne Maß von Mitte, Rechts und Links, Oben und Unten) überschreitet. Wenn wir die vier Typen von Zukunftsentwürfen der Bürgerlichkeit zunächst durch das Merkmal normal und seinen Gegenbegriffen abnorm, anormal und auch enorm abgegrenzt haben, so entspricht dies nur einem Trend, nicht der Wirklichkeit. Wirklich sind wahrscheinlich fließende Übergänge, die Zymunt Bauman in einer *flüssigen* Welt (mondo liquido)[146] sieht, in der sich die Menschen in einer postmodernen Konstellation bewegen.

Warum haben wir unsere Zukunftsentwürfe in der zweiten Matrix alle mit der Vorsilbe *quasi* versehen? Wir orientieren uns an dem italienischen Professor für Semiotik Umberto Eco, dem wir die Anregung verdanken, das Wissen um »Quasi dasselbe mit anderen Worten« also eine Methode des Übersetzens, der Transformation und Umformulierung von Paraphrasen, Definitionen, Deutungen, Ersetzungen, angebliche Synonyme und so weiter [147]. Die Grenzen dieses Denkens mit dem begrenzenden Quasi erläutert Umberto Eco so: »… wie man, obwohl man weiß, dass man niemals dasselbe sagt, *quasi* dasselbe sagen kann.« Er zitiert deshalb Petrilli, Susan (La traduzione. Athanor X 2000) in seiner FN S. 10: *Lo stesso altro* (Dasselbe andere).
Auf unsere möglichen Zukunftsentwürfe des Bürgerlichen kann dies bedeuten: Wir haben es bei der Typisierung quasi stets um Menschen

---

[146] Bauman, Zymunt (2008), S. 12ff.
[147] Eco, Umberto: Quasi dasselbe mit anderen Worten. Über das Übersetzen. München–Wien 2006, S. 9f.

als Bürgerliche zu tun, also *Dasselbe*, jedoch in anderen zeitlichen und räumlichen Lebenswelten; in welchen Distanz und Nähe, online und offline, analog und digital, granular und hybrid, fragil und anti-fragil das *Andere* als Differenz-Revolution zeigen.

Wir führen zum Schluss noch einen möglichen Zukunftsentwurf für das Bürgerliche ein: das Anti-Fragile, das mit dem bereits zitierten »Schwarzen Schwan«- Phänomen eng zusammenhängt. Der amerikanisch-libanesische Professor Nassim Nichola Taleb beschreibt die Anti-Fragilität wie folgt: »Es gibt kein Wort für das Gegenteil von fragil. Nennen wir es »antifragil«. Antifragilität ist mehr als Resilienz oder Robustheit. Das Resiliente, das Widerstandsfähige widersteht Schocks und bleibt sich gleich; das Antifragile wird besser. Dieses Prinzip steckt hinter allem, was sich im Lauf der Zeit verändert hat. Evolution, (...) Revolution, (...) technische Innovationen, wirtschaftliche Erfolge und so weiter. Antifragilität markiert außerdem die Grenze zwischen dem Lebendig-Organischen und dem Unbelebten. (...) Das Antifragil steht Zufälligkeit und Ungewissheit positiv gegenüber (...) auch der Vorliebe für eine bestimmte Art von Irrtümern. Fragilität ist messbar; Risiken sind nicht messbar. Daraus ergibt sich eine Lösung für das, was ich als Problem des Schwarzen Schwans bezeichnet habe: für die Unmöglichkeit, die Risiken zu kalkulieren, die sich aus seltenen Ereignissen ergeben, sowie die Unmöglichkeit, ihr Eintreten vorherzusagen. Mit der Auffälligkeit für die schädlichen Folgen von Unbeständigkeit, von Volatilität, kann man besser umgehen als mit der Voraussage des Ereignisses, das möglicherweise diese schädlichen Folgen herbeiführen kann. Meine Empfehlung lautet daher, unsere heute übliche Vorgehensweise im Bereich der Vorhersagen und Risikomanagement auf den Kopf zu stellen. Für jeden Bereich schlage ich Regeln vor, mit denen man sich vom Fragilen weg und auf das Antifragile zu bewegen kann durch Reduktion von Fragilität und Nutzbarmachung von Antifragilität. Dabei lässt sich Antifragilität (und Fragilität) fast immer durch einen einfachen Asymmetrie-Test erfassen: Alles, was von zufälligen Ereignissen oder Erschütterungen mehr profitiert, als dass es darunter leidet, ist antifragil; das Umgekehrte ist fragil.«[148] Was würde dieses Wissen um Antifragilität für unseren möglichen vierten Typ C (bisher namenlos) bedeuten?

Der Mensch in der hybriden Kombination mit einem Roboter bleibt fragil und sollte aus dem Wissen um die positiven Kräfte der Antifragilität profitieren. Der Roboter ist aus heutiger Sicht als resilient und robust zu bewerten, ohne die Vorteile, antifragil zu sein. Wir müssen – wohl auch fiktiv mit Kurt Heinrich – gestehen, dass wir diese Welt in der Triade fragil, robust und antifragil nicht verstehen. Wir wollen uns deshalb mit der uns vertrauten Handlungslogik zufrieden geben: Entweder-Oder, Sowohl-als-auch, Je-nach-dem, Noch-nicht und *Dennoch* mit Gottvertrauen.

---

[148] Taleb (2012), S. 21–23

Literaturverzeichnis

Altenbockum, Jasper von: »Die Angst der Mitte«, in: *FAZ* vom 28. Oktober 2015, S. 1

Anter, Andreas: *Die Macht der Ordnung. Aspekte einer Grundkategorie des Politischen*, Tübingen 2004

Appel, Holger: »Der VW-Skandal«, in: *FAZ* vom 22. September 2015, S. 1

Aust, Stefan: *Kanzlerin ohne Grenzen*, in: *Die Welt* vom 10. Oktober 2015, S. 1

Bauman, Zygmunt: *Flüchtige Zeiten. Leben in der Ungewissheit*, Hamburg 2008

Baur, Cornelius: »Eine Revolution in Lichtgeschwindigkeit«, in: *Handelsblatt* vom 22. September 2015, S. 20–21

Bednarz, Liane / Giesa, Christoph: *Gefährliche Bürger. Die neue Rechte greift nach der Mitte*, München 2015

Bohrer, Karl-Heinz: *Granatsplitter. Erzählung einer Jugend*, München 2012

Brauck, Markus / Jung, Alexander / Netzik, Ann-Katrin / Schulz, Thomas: »Von A bis Z«, in: *Spiegel* vom 14. August 2015, S. 8–17

Brauner, Hans U. / Manfred Osten: *Es gilt das gebrochene Wort*, München 2013

Bronfen, Elisabeth / Marius, Benjamin / Steffen, Therese (Hg.): »Hybride Kulturen. Beiträge zur anglo-amerikanischen Multikulturalismus-Debatte«, in: *Stauffenberg Discussion*, Band 4, Tübingen 1997

Brynjolfsson, Erik / McAfee, Andrew: *The Second Machine Age. Wie die nächste digitale Revolution unser aller Leben verändern wird* (Vorwort Herbert Henzler), Kulmbach 2014

Bude, Heinz: *Gesellschaft der Angst*, Hamburg 2014
Ders.: *Soziologie der Party*, in: Zeitschrift für Ideengeschichte, Heft IX/4 2015, S. 5ff.

Burckhardt, Carl J.: *Gestalten und Mächte*, Zürich 1961

Crouch, Colin: *Die bezifferte Welt. Wie die Logik der Finanzmärkte das Wissen bedroht*, Berlin 2015

Döpfner, Mathias: Die Botschaft von Paris, in: *Welt am Sonntag* vom 15. November 2015, S. 14

Eco, Umberto: *Quasi dasselbe mit anderen Worten. Über das Übersetzen*, München/Wien 2006

Fasse, M./Jahn T./Murphy M./Bay L. et al: »Schmutzige Geschäfte. Tarnen, Tricksen, Täuschen«, in: *Handelsblatt* vom 22. September 2015, S. 4–7

Ferber, Markus: *Europa braucht subsidiäre Strukturen*, in: Anton Rauscher (2015), S. 139

Floridi, Luciano: *Wie die Infosphäre unser Leben verändert. Die 4. Revolution*, Berlin 2015

Frankenberger, Klaus Dieter: »Merkels Mission«, in: *FAZ* vom 19. Oktober 2015, S. 1f.

Friedman, Thomas Lauren: *Die Welt ist flach. Eine kurze Geschichte des 21. Jahrhunderts*, Frankfurt am Main 2006 (aktuelle/erw. Auflage 2008)

Ders.: *Was zu tun ist – Eine Agenda für das 21. Jahrhundert*, Frankfurt am Main 2009 (Originaltitel 2008: *Hot, Flat and Crowded. Why the World Needs a Green Revolution and How We Can Renew Our Global Future*)

Geiger, Thomas: »Out of Sindelfingen«, in: *Welt am Sonntag* vom 11. Oktober 2015, S. 70

Gerhardt, Volker: *Partizipation. Das Prinzip der Politik*, München 2007

Ginsburg, Hansjakob: »Balanceakt am Bosporus«, in: *Wirtschaftswoche* vom 16. Oktober 2015, S. 16–23.

Grimm, Jacob und Wilhelm: *Deutsches Wörterbuch*, Band 16, Leipzig 1905/München 1984

Gropp, Martin: »Googles radikale Wandlung«, in: *FAZ* vom 12. August 2015, S. 22

Hartmann, Martin/Offe, Claus (Hg.): *Vertrauen. Die Grundlage des sozialen Zusammenseins*, Frankfurt am Main 2001, S. 368

Heine, Mathias: »Alphabet und Allmacht«, in: *Die Welt* vom 12. August 2015, S. 21

Herres, Volker: »Innovations-Fabrik und Datenkrake – Wie gefährlich ist Googles Weg zur Weltmacht?«, in: *Presse-Club, ARD*, 16. August 2015 mit Miriam Meckel, Marina Weisband, Philip Banse und Mario Sixtus

Hertzsch, Klaus-Peter: *Chancen des Alters. Sieben Thesen*, Stuttgart 2008

Hofmann, Hasso: *Freund/Feind*, in: Historisches Wörterbuch der Philosophie, Band 2, Basel/Stuttgart 1972, Sp. 1104f.

Homann, Karl: *Sollen und Können. Grenzen und Bedingungen der Individualmoral*, Wien 2014

Jeges, Oliver: *Generation Maybe. Die Signatur einer Epoche*, Berlin 2014

Jüngel, Eberhard: *Erfahrungen mit der Erfahrung*, Stuttgart 2008

Kaku, Micho: *Die Physik der Zukunft. Unser Leben in 100 Jahren*, Reinbeck/Hamburg 2013

Karabadz, Ina/Kerkmann, Christof: »Mehr Raum, mehr Felder«, in: *Handelsblatt* vom 12. August 2015, S. 4–7

Kasper, Brigitte: »Vernetzte Gesellschaft«, in: *Trend Report* (i. A. Handelsblatt) Oktober 2015, S. 11–27

Kirchhoff, Paul: *Das Gesetz der Hydra. Gebt den Bürgern den Staat zurück*, München 2006

Koch, Lars (Hg.): *Angst. Ein interdisziplinäres Handbuch*, Stuttgart 2013

Kohler, Berthold: »Verschleierungsversuche«, in: *FAZ* vom 17. November 2015, S. 1

Kucklick, Christoph: *Die Granulare Gesellschaft. Wie das Digitale unsere Wirklichkeit auflöst*, Berlin 2015

Kühl, Stefan: »An VW wird das Falsche kritisiert«, in: *FAZ* vom 28. September 2015, S. 23

Kulin, Helmut/Wiedmann, Franz (Hg.): *Das Problem der Ordnung. Sechster Deutscher Kongress für Philosophie München 1960*, Meisenheim 1962

Kunst, Katrin: »Herzdame«, in: *Spiegel* vom 19. September 2015, S. 16ff.

Kuntze, Sven: *Die schamlose Generation. Wie wir die Zukunft unserer Kinder und Enkel ruinieren*, München 2014

Latour, Bruno: *Eine neue Soziologie für eine neue Gesellschaft – Einführung in die Akteur-Netzwerk-Theorie*, Frankfurt am Main (2. Aufl. 2014)

Lehnartz, Sascha: »Hier geht es um uns« in: *Welt am Sonntag* vom 15. November 2015

Lenzen, Manuela: »Wissenschaftssimulationsspiel (Junge Akademie Berlin)«, in: *FAZ* vom 9. September 2015, S. 4

Lepsius, M. Rainer: *Soziale Schlichtung in der industriellen Gesellschaft*, Tübingen 2015

Luhmann, Niklas: *Ökologische Kommunikation. Kann eine moderne Gesellschaft sich auf ökologische Gefährdung einstellen?*, Wiesbaden 2008
Ders.: *Vertrauen*, Stuttgart 2000

Meckel, Miriam: »Digitale Blaupause«, in: *Wirtschaftswoche* vom 14. August 2015, S. 3

Münkler, Herfried: *Mitte und Maß. Der Kampf um die richtige Ordnung*, Berlin 2010
Ders.: *Macht in der Mitte. Die neuen Aufgaben Deutschlands in Europa*, Hamburg 2015

Münkler, Herfried: *Kriegssplitter. Die Evolution der Gewalt im 20. und 21. Jahrhundert*, Berlin 2015

Murphy M./Schnell, C./Fasse, M.: »Der Getriebene«, in: *Handelsblatt* vom 28. September 2015, S. 1 und S. 4–9

Nolte, Paul: Riskante Moderne. *Die Deutschen und der Neue Kapitalismus*, München 2006
Ders.: *Religion und Bürgergesellschaft. Brauchen wir einen religionsfreundlichen Staat?*, Berlin 2009

Piketty, Thomas: *Das Kapital im 21. Jahrhundert*, München 2014

Popper, Karl: *Die offene Gesellschaft und ihre Feinde (1945)*, Tübingen 2003

Poschardt, Ulf: »Winterkorns Verantwortung«, in: *Die Welt* vom 22. September 2015, S. 1

Quadbeck, Eva: »Gaucks große Rede«, in: *Rheinische Post* vom 28. September 2015, S. 2

Rauscher, Anton (Hg.): *Toleranz und Menschenbürde*, Berlin 2011
Ders.: (Hg.): *Besinnung auf das Subsidiaritätsprinzip*, Band 23, *Soziale Orientierung*, Berlin 2015
Ders.: *Zum Ethos des Unternehmers*, in: Hans U. Brauner (Hg.): *Familien-Prinzip. Sind Familienunternehmen krisenresistenter?*, München 2013

Reckwitz, Andreas: *Das hybride Subjekt. Eine Theorie der Subjektkulturen von der bürgerlichen Moderne zur Postmoderne*, Weilerswist 2006/2012

Reinecke, Sven: »Kritischer Test für die Marke«, in: *Handelsblatt* vom 28. September 2015, S. 8–9

Rieck, Torsten und Regina Krieger: Die nächste Revolution«, in: *Handelsblatt* vom 16./17. Und 18. Oktober 2015, S. 52–59

Ritter, Joachim/Gründer, Karlfried (Hg.): *Historisches Wörterbuch der Philosophie*, Band 6, Basel/Stuttgart 1984

Röben, Katharina: »Liebe in den Zeiten des Avators«, in: *Welt am Sonntag* vom 28. Oktober 2015, S. 48

Safranski, Rüdiger: *Zeit. Was sie mit uns macht und was wir aus ihr machen*, München 2015

Schirrmacher, Frank: *Technologischer Totaliterismus. Eine Debatte*, Berlin 2015

Schirrmacher, Frank: *Ego. Das Spiel des Lebens*, München 2013

Schulz, Thomas: »Wetten auf die Zukunft«, in: *Spiegel* vom 14. August 2015, S. 18

Schulze, Gerhard: *Die beste aller Welten. Wohin bewegt sich die Gesellschaft im 21. Jahrhundert?*, München/Wien 2004

Selke, Stefan: Lifelogging. *Wie die digitale Selbstvermessung unsere Gesellschaft verändert*, München 2014

Sloterdijk, Peter: *Du musst Dein Leben ändern*, Frankfurt am Main 2009

Spaemann, Robert: *Schritte über uns hinaus*. Gesammelte Reden und Aufsätze I, Stuttgart 2010

Spitzer, Manfred: *Digitale Demenz. Wie wir uns und unsere Kinder um den Verstand bringen*, München 2012

Steingart, Gabor: *Das Ende der Normalität. Nachruf auf unser Leben, wie es war*, München 2011

Steltzner, Holger: »VW, hilflos«, in: *FAZ* vom 28. September 2015, S. 1

Taleb, Nassim Nicholas: *Der Schwarze Schwan. Die Macht höchst unwahrscheinlicher Ereignisse*, München 2008
Ders.: *Anti-Fragilität. Anleitung für eine Welt, die wir nicht verstehen*, München 2012
Ders.: *Der Schwarze Schwan. Konsequenzen aus der Krise*, München 2014

Walker, Martin: *Germany 2064. Ein Zukunftsthriller*, Zürich 2015

Wenzel, Uwe Julien: »Vielleicht, vielleicht oder auch nicht. Über die Generation Maybe und andere Etiketten des Zeitgeistes«, in: *Neue Züricher Zeitung* vom 29. März 2014, S. 23

Zuboff, Shoshana: Der menschliche Faktor, in: *Technologischer Totalitarismus* (Frank Schirrmacher), Berlin 2015, S. 262

Bibliografische Daten zum wissenschaftlichen Nachlass von Prof. em. Dr. med. Kurt Heinrich (1925–2015)

In einer Liste mit 37 Seiten sind 360 wissenschaftliche Publikationen von Professor Kurt Heinrich aus den Jahren 1952 bis 1995 aufgezählt. Seine Frau Hedda Heinrich hat 2015 diese Nachlass-Sammlung an die Bibliothek der Heinrich-Heine-Universität in Düsseldorf übergeben, an welcher Kurt Heinrich bis zu seiner Emeritierung einen Lehrstuhl für Psychiatrie hatte.

Seine Publikationen umfassen über 300 Fachbeiträge und Vorträge über psychiatrische, psychopathologische, neurologische, psychopharmakologische, psycho-therapeutische und gesellschaftliche Themen. Dazu kommen über 30 psychiatrische Monografien und Sammelbände.

Professor Heinrich war Begründer, Herausgeber und Mitherausgeber folgender Zeitschriften:

- »Pharmacopsychiatrie (Pharmacoppsychiatry)«, Georg Thieme Verlag Stuttgart,
- »Fortschritte der Neurologie-Psychiatrie«, Georg Thieme Verlag, Stuttgart,
- »Zeitschrift für Klinische Psychologie, Psychiatrie und Psychotherapie«, Schöningh Verlag Paderborn.

Seine Affinität zu gesellschaftskritischen Problemen des Bürgertums kommt in folgenden Veröffentlichungen zum Ausdruck, die wir aus den 350 Beiträgen herausgegriffen haben, um einen Kontext zur Ent-Bürgerlichung zu dokumentieren:

- Zur Typologie und Problematik psychopathischer Persönlichkeiten, in: Ärztliche Praxis 7, S. 244–248, und dies., 8, S. 313–316, 1972

- Freiheit und Zwang in der Psychiatrie, in: Fortschritte der Medizin 95, 1977, S. 2619–2622
- Der Zustand der Psychiatrie als Abbild des Zustandes der Gesellschaft Spectrum 1, 1985, S. 3–12
- Psychiatrie und Gesellschaft: Eine problematische Beziehung, in: Freiburger Universitätsblätter, herausgegeben vom Rektor der Albert-Ludwigs-Universität Freiburg, 94, 1986, S. 95–104
- Alter und Krankheit – Die Vernichtung des Unerträglichen?, in: Fortschritte der Neurologie-Psychiatrie 59 (1991), S. 151–154
- »Persönlichkeitsstörungen« und Psychiatrie, Münchener Medizinische Wochenschrift 21, 1991, S. 335–336
- Burnout-Syndrom – Mode oder mehr?, in: Münchener Medizinische Wochenschrift 137, 1995, S. 40–41
- Ignatius von Loyola – genial oder psychisch krank?, in: Fortschritte der Neurologie-Psychiatrie 63, 1995, S. 213–219
- Zur Psychographie des heiligen Ignatius von Loyola, in: Quintin Aldea (Hg.): Ignacio de Loyola y la gran crisis del siglo XVI. Mensajero-Sal Terrae, Madrid 1993
- »Schnee« und »Walpurgisnacht«. Hans Castorps exemplarische Reifungskrisen im »Zauberberg«, in: Zeitschrift für klinische Psychologie, Psychopathologie und Psychotherapie 433, 1995, S. 113–122.
- Jahres- und Tagungsbericht der Görres-Gesellschaft 1994, Köln 1995

Schließlich ist sein im Privatdruck erschienene Biografie »Erinnerungsversuch. Erlebnisse und Betrachtung«, Düsseldorf 2011 (557 Seiten) zu erwähnen, die er an seine Verwandtschaft und seinen Freundeskreis verteilt hatte.

Wir danken seiner Witwe, Frau Hedda Heinrich, die uns die Auszüge seiner Bibliografie zum Nachdruck erlaubt hat.

Hans U. Brauner

Ebenfalls von Hans U. Brauner bei Allitera erschienen:

Es gilt das gebrochene Wort
Das Ende der Glaubwürdigkeit?

Aktuelle Brüche der politisch-wirtschaftlichen Glaubwürdigkeit sind der Grund für die provozierende Feststellung von Manfred Osten und Hans U. Brauner: »Es gilt das gebrochene Wort«. Die Autoren plädieren an Beispielen von abstrahierten asymmetrischen Verhaltenstypen für einen glaubhaft angepassten Wandel der »alten« stabilen und sicheren Glaubwürdigkeit. Sie distanzieren sich von einer »neuen« instabilen Glaubwürdigkeit, die nicht nur unglaubwürdig ist, sondern auch die Konsequenzen der Risiken von Währungs- und Unternehmenskrisen taktisch vernebelt und zeitlich aufschiebt.

149 S., Hardcover, ISBN 978-3-86906-575-5

Familienprinzip
Sind Familienunternehmen krisenresistenter?

In Deutschland sind Familienunternehmer das Herz der sozialen Marktwirtschaft. Diese Unternehmen verdanken ihre relative Krisensicherheit vor allem ihrer Führungskultur, die von besonders vorsichtiger Risikoeinschätzung und persönlicher Verantwortung für das Familienvermögen geprägt ist. Hans U. Brauner und seine Co-Autoren sind erfahrene Kenner von Familienunternehmen und analysieren in diesem Buch speziell deren vorbildliche Risikoresistenz.

111 S., Hardcover, ISBN 978-3-86906-489-5

Hans L. Merkle
Warum es heute richtig ist, sich an den klassischen Unternehmer zu erinnern

Die Balance von Nähe und Distanz zwischen Dienen und Führen als Schlüssel zu einer gelungenen Unternehmensführung – das war das Credo des Bosch-Geschäftsführers Hans L. Merkle. In Erinnerung an seinen Mentor gibt Hans U. Brauner Einblick in dessen Führungsprinzipien, zieht Vergleiche zu anderen Unternehmerbiografien und stellt eine Typologie leitender Persönlichkeiten auf. In einem fiktiven Diskurs mit dem Soziologieprofessor Rainer Paris wird dem Leser darüber hinaus eine Möglichkeit zur kritischen Selbstanalyse geboten.

71 S., Hardcover, ISBN 978-3-86906-460-4